세상에서 가장 쓸모 있는

철학 강의

일러두기

∗ 참고 문헌의 경우, 국내에 번역 출간되어 있는 도서는 최신 서지 정보를 기재하고 원제를 병기하였다.
국내에 출간되지 않은 도서는 초판의 서지 정보를 기재하였다.

세상에서 가장 쓸모 있는

철학 강의

고스다 겐 지음 | 오정화 옮김 | 김선희 감수

더숲

르네상스 시대의 철학자 프랜시스 베이컨은 "아는 것이 힘이다"라고 말했습니다. 발명과 발견이 연속되던 시절, 베이컨은 책상 위 공론일 뿐인, 쓸모없는 지식으로서 학문이 지닌 무력함을 짚어내고, 우리 생활을 더 나은 방향으로 바꾸는 데 힘을 주는 학문이 필요하다고 이야기한 것입니다. 이는 오늘날까지 '실학 지향'이라는 형태로 이어지고 있습니다. 이러한 베이컨의 선견지명에 두 눈이 번쩍 뜨입니다. 그에 따르면 눈에 보이는 형태인 실효성도, 계량할 수 있는 생산성도 갖추지 않은 철학과 같은 허학(虛學)은 확실히 언제 사망 선고를 받아도 이상하지 않습니다.

철학은 불황의 시대에 발전한다고 합니다. 그 이유는 화폐와 같은 수와 양으로 헤아릴 수 없는 것에 대한 관심이 높아지기 때문일지도 모르겠습니다. 고민과 불안의 내용은 사람의 수만큼 천차만별이며, 일률적으로 꼭 들어맞는 해답이란 있을 수 없습니다. 단 하나의 정답에 도달하는 것이 아니라 이리저리 끊임없이 생각하는 철학이 우리에게 필요한 이유가 바로 여기에 있습니다.

물론 어느 시대의 어떤 철학자의 사상이 어떤 사람에게 딱 맞으리라 예측할 수도 없습니다. 대부분은 무엇을 어떻게 생각해야 할지 잘 알지 못해서 불안하고 고민이 깊어지는 것입니다. 하지만 올바른 질문을 생각해 낼 수 있다면 답은 이미 손에 넣은 것이나 마찬가지입니다.

많은 사람에게는 철학책을 꺼내는 것 자체가 높은 장벽일 것입니다. 여기에 입문서의 의의를 찾을 수 있습니다. 일반적으로 철학 입문서는 연대기 형식으로 전개됩니다. 이러한 책들은 고대에서 현대에 이르기까지 다양한 철학가와 사상가의 생각을 정리해 소개하므로 사고의 통시적인 전개 과정을 한눈에 볼 수 있다는 장점이 있습니다. 하지만 이 책은 그러한 형식을 택하지 않고, 우리 일상에서 떠올릴 수 있는 질문들에 숨겨진 여러 문제에 대해 지금까지 철학에서는 어떤 사색이 이루어졌는지 간략하게 소개하는 방식으로 전개되었습니다. 이 책을 계기로 철학자들에 관심이 생기고 철학책을 읽어 보게 된다면 저자로서 그보다 큰 기쁨은 없을 것입니다.

세계의 구조를 파악하기 위해 탄생한 고대 철학
(기원전 6세기~기원후 6세기경)

헤라클레이토스 등 자연철학자

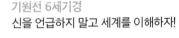

기원전 6세기경
신을 언급하지 말고 세계를 이해하자!

소크라테스

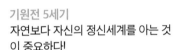

기원전 5세기
자연보다 자신의 정신세계를 아는 것
이 중요하다!

아리스토텔레스

기원전 4세기
인간의 정신세계도 중요하지만, 자연을
파악하는 것 역시 중요해!

철학은 기원전 6세기경 고대 그리스에서 세계(자연)의 구조를 이해하기 위한
행위로 탄생했습니다.

이에 소크라테스는 자연의 세계보다 우리 자신이 무엇을 알 수 있는지를 먼
저 생각해 봐야 한다고 말했습니다. 이것은 존재론에서 인식론으로 근본적인
방향의 전환을 시도한 것입니다. 또한 소크라테스의 제자 플라톤은 현세의 수
준을 뛰어넘어 참된 실재(眞實在)*의 차원을 다루는 형이상학**으로의 길을 개
척했습니다.

이러한 고대 철학을 정리한 사람이 아리스토텔레스입니다. 그 후 그리스도교
가 침투한 로마 세계에서는 플라톤 철학을 독자적으로 해석한 **신플라톤주의***
가 등장했습니다.

* 참된 실재란 각각의 사물과 구별되는 사물 자체를 의미한다. 이데아라고도 부른다.
** '형이상'이란 형체가 있는 것(자연)을 뛰어넘었다라는 의미다. 형이상학은 곧 자연을 뛰어넘은 차원을 탐구하는 학문이다.

철학과 신학의 융합을 추구한 중세 철학
(6~15세기경)

4~5세기
신플라톤주의와
그리스도교를 통합했다.

아우구스티누스

신플라톤주의

일자

유출

일자로부터
만물이 '유출'된다.

그리스도교

13세기
아리스토텔레스의 철학과
그리스도교 사상을 통합했다.

토마스 아퀴나스

로마 세계에 파고든 그리스도교는 그리스 철학과 결합하여 다양한 철학을 탄생시켰습니다. 죽은 사람의 부활을 이야기하는 비합리적인 그리스도교의 가르침을 정당화하는 데 철학적 사고가 도움이 된 것입니다.

그리스도교에 신플라톤주의 사상을 결합한 교부**** 아우구스티누스가 그 시초이며, 중세에 들어와 토마스 아퀴나스가 이슬람을 거쳐 유입된 아리스토텔레스 철학과 그리스도교 신학의 융합을 시도했습니다.

르네상스 이후 형이상학의 세계는 신학에 위임되었으며, 지상 세계에 대한 해명은 철학에서 분리되어 자연 과학적 사고의 영역이 되었습니다. 이들의 총체로서 전체를 균형 있게 이해하는 것이 철학의 사명이 되었습니다.

*** 신플라톤주의란 그리스도교 세계관에 플라톤 철학을 접목한 형태로 탄생한 철학이다. 만물의 근원을 일자(一者)라고 부르며 일자에서 모든 것이 유출된다고 설명한다.
**** 교부란 라틴어나 그리스어로 그리스도교 철학을 연구한 신학자를 의미한다.

기존의 상식을 뒤엎은 근대 철학(16~19세기경)

로크

데카르트

경험론
인간의 모든 지식은 태어나면서부터 겪은 경험
이 축적되어 형성된다고 생각한 철학의 흐름.

대륙합리론
인간에게는 선천적으로 이성이 주어져 있다는 전제
아래, 세계를 어떻게 이해할 것인가를 해명하고자
한 철학의 흐름.

칸트

비판철학
영국의 경험론과 대륙합리론을 비판적으로 통합하
는 형태로, 칸트가 제창한 철학의 흐름.

헤겔

독일관념론
칸트의 철학을 이어받아 비판적으로 보완하고
발전시켜 완성을 이루고자 한 철학의 흐름.

현대 철학은 독일관념론에 대한 의문에서 탄생했다.

니체

마르크스

근대 철학은 데카르트로부터 시작되었다고 일컬어집니다. 당시 철학의 주된 흐름은 인간에게는 선천적으로 이성이 존재한다는 **대륙합리론**이었지만, 영국에서는 인간은 모든 것을 후천적으로 습득한다는 **경험론**이 등장했습니다. 이 두 가지를 결합하여 그동안의 철학과 180도 다른 발상을 제창한 사람이 칸트입니다.* 그는 인간의 감각 능력이 인식과 이성의 토대가 된다고 생각했습니다. 칸트 철학에 시간 개념을 도입한 헤겔이 **독일관념론**을 완성했고, 후에 헤겔 철학에 대한 의문에서 현대 철학의 싹이 돋아났습니다.

그 도화선에 불을 지핀 사람이 헤겔의 시간이론에 의문을 품은 마르크스와, 인간의 이성 자체에 의문을 품은 니체입니다.

* 칸트는 이를 코페르니쿠스적 전환이라고 말했다.

사회 상황과 밀접하게 연결된 현대 철학
(20세기경~현재)

제임스

러셀

키르케고르

소쉬르

실용주의
인간에게 사상(事象)의 존재 의식이 어떤 실천적 의미가 있는지 이해하고자 한 시도.

기호논리학
아리스토텔레스 이후 논리학의 빈틈을 채우기 위해 새롭게 고안된 논리학.

실존철학
깨달은 순간 존재하고 있는 자신을 실존에 빗대어 나타낸 사상.

기호론, 언어학
오늘날 언어 구조가 어떻게 인간의 행동을 규정하고 있는지 탐구한 사상.

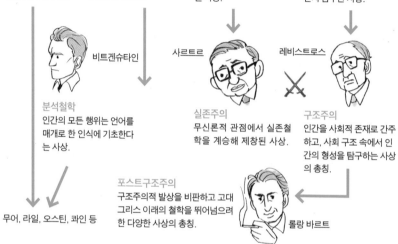

비트겐슈타인

사르트르

레비스트로스

분석철학
인간의 모든 행위는 언어를 매개로 한 인식에 기초한다는 사상.

실존주의
무신론적 관점에서 실존철학을 계승해 제창된 사상.

구조주의
인간을 사회적 존재로 간주하고, 사회 구조 속에서 인간의 형성을 탐구하는 사상의 총칭.

포스트구조주의
구조주의적 발상을 비판하고 고대 그리스 이래의 철학을 뛰어넘으려 한 다양한 사상의 총칭.

롤랑 바르트

무어, 라일, 오스틴, 콰인 등

세계 철학의 역사에서 미국이 등장한 것은 비교적 최근의 일입니다. 미국 철학의 시초는 실용성을 바탕으로 한 **실용주의(프래그머티즘)**입니다. 유럽의 기호론과 언어학이 영국의 **기호논리학**을 거쳐 미국으로 흘러들어 와 **분석철학**의 계보가 탄생했습니다.

인간이 의지적 존재임을 중요하게 생각하는 **실존철학**은 19세기 키르케고르로부터 시작하여 제1차 세계 대전 이후의 독일과 제2차 세계 대전 이후의 프랑스에서 유행했습니다.

나아가 인간의 의지는 사회 구조에 의해 규정된다고 생각하는 **구조주의**와 인간 존재 자체에 의의를 두는 **포스트구조주의**라는 사상으로 전개되며 혼미한 현대 사회를 분석해 나갔습니다.

차례

1장 우리를 둘러싼 의문들을 생각한다

4장 정의를 생각한다

5장 사회와 세계를 생각한다

6장 진리를 생각한다

이 책을 읽는 방법

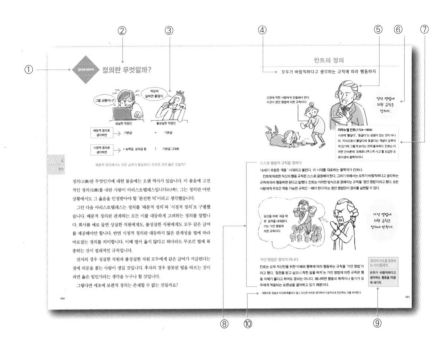

① 테마　　　　　　　　다양한 궁금증을 장마다 분류

② 타이틀　　　　　　　테마에 따른 구체적인 의문

③ 일러스트　　　　　　의문의 이미지를 소개한 일러스트나 도해

④ 표제　　　　　　　　의문에 대한 철학자의 생각 정리

⑤ 철학자 일러스트　　철학자의 초상화 일러스트

⑥ 말풍선　　　　　　　철학자의 말 또는 생각을 나타낸 한 마디

⑦ 프로필　　　　　　　철학자의 프로필

⑧ 해설　　　　　　　　의문에 대한 철학자의 생각을 일러스트와 도해, 글로 설명

⑨ 핵심 어드바이스　　다양한 고민에 효과적으로 적용할 수 있는 철학자의 생각 소개

⑩ 각주　　　　　　　　전문용어 등에 관한 보충 설명

1장

우리를 둘러싼
의문들을 생각한다

평소에는 전혀 신경 쓰지 않을 만큼
너무나 당연하게 존재하는
시간, 학교, 신체 등….
이렇게 우리 주변에 존재하는
다양한 의문들을 깊이 있게 파헤친다.

시간이 흐른다는 것은 무엇일까?

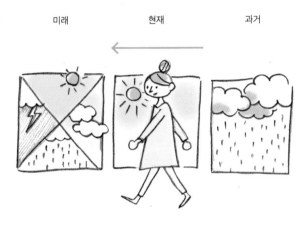

미래　　　　　　현재　　　　　　과거

과거는 조금 전까지의 현재이며, 미래는 지금부터의 현재이다….
나는 과연 어디에 있는 것일까?

철학의 역할 중 하나는 일상생활에 잠재해 있는 다양한 호기심을 깊이 파고드는 것입니다.

　우리 주변에는 아무것도 하지 않아도 점점 사라져 가는 것이 있습니다. 그것은 무엇일까요? 바로 '시간'입니다. 한 번 실패하면 두 번 다시 되돌릴 수 없지요. 이 책을 읽는 지금 이 순간에도 시간은 흐르고 있습니다. 그렇다면 방금 전까지 '현재'였던 시간은 지금 어디에 있을까요? 그 어디에도 없습니다. 또 조금 전까지의 '현재'는 언제 '과거'가 된 것일까요? 이것이 '시간이 흐른다'는 개념입니다. 공간은 지금 눈앞에 확실하게 펼쳐져 있습니다. 하지만 어디에서도 실재를 확인할 수 없는 시간을 공간과 똑같이 취급할 수 있을까요? 공간 안의 사물처럼 '있다' 또는 '없다'라고 말할 수 있을까요? 지금까지 많은 철학자가 이 문제에 대해 고민했습니다. 그중 몇 가지를 소개하겠습니다.

아우구스티누스의 시간

사람과의 관계 속에서 과거와 미래가 태어난다

시간은 유일하게 존재하는 현재에 대한 기억과 예측으로 성립한다.

불가사의에 도전한 최초의 인간

시간이라는 수수께끼를 파헤치고자 한 최초의 철학자가 바로 라틴 교부(7쪽) 아우구스티누스이다. 그는 자신의 반생을 회고한 저서《고백록》에서 아래와 같이 서술했다. "시간이란 무엇일까. 만일 아무도 나에게 묻지 않는다면, 나는 시간이 무엇인지 알고 있다 하나 시간에 대해 묻는 사람에게 설명하고자 한다면, 나는 그 답을 알지 못한다."

아우렐리우스 아우구스티누스(354~430)
로마 제국이 그리스도교를 국교로 공인한 시기에 활약한 철학자. 저서로《고백록》,《신국론》등이 있다.

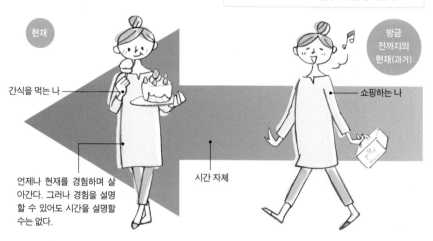

현재

방금 전까지의 현재(과거)

간식을 먹는 나

쇼핑하는 나

시간 자체

언제나 현재를 경험하며 살아간다. 그러나 경험을 설명할 수 있어도 시간을 설명할 수는 없다.

시간에는 두 종류가 있다

아우구스티누스는 시간을 두 가지로 구별했다. 시간 자체, 그리고 나 자신과의 관계에 있어서의 시간이다. 끊임없이 지나가는 시간 자체에는 현재밖에 없다. 지금 먹고 있는 케이크가 조금 전에 산 것이라고 기억하는 내가 있을 때, 비로소 과거와 미래가 성립하는 셈이다.

지난날을 후회하는 그대에게

존재하는 것은 현재뿐. 나중에 후회해도 소용없다.

후설의 시간

기억과 예측에 의해 시간 의식이 만들어진다

지금 들은 멜로디,
너무 좋아.
(파지[*])

다음에 이런
선율이 나오겠지.
(예지)

현재는
흘러가 버리면서도
잔존한다.

에드문트 후설(1859~1938)
원래 수학기초론을 연구했지만, 학문의 전반적인 기초를 다지는 데 관심을 옮겨 갔고 후에 현상학을 제창했다. 저서 《에드문트 후설의 내적 시간의식의 현상학》에서 시간론을 전개했다.

1

시간

기억과 예측이 시간을 만든다

오스트리아의 철학자 후설은 현상학^{**}을 제창하고 그 관점에서 시간에 관해 논했다. 음악을 들을 때, 지금 흐르는 음뿐 아니라 바로 직전에 울렸던 음이 남아 있으면서(파지), 다음에 나올 음도 예상해야(예지) 음들의 연결이 선율을 이루어 사람의 마음에 감동을 주는 것이 아닐까? 이처럼 시간은 흘러가면서도 잔존한다.

멈추어 섬과 동시에
흘러가는 현재의 이미지

멈추어 섬과 동시에 흘러가는 현재

후설은 모든 시간이 그것을 의식하는 존재(주관)와의 관계에서 '멈추어 선 채 흐르는 현재'로 존재한다고 생각했다. 또한 말년에는 현재와 주관의 상즉 관계^{***}가 어떻게 형성되는지를 밝혀내려 했다.

> **실패를 잊지 못하는 그대에게**
>
> 시간은 멈추어 선 채 흘러간다. 과거의 경험이 있기에 미래로 이어지는 것이다.

[*] 단순히 과거지향적인 것이 아니라 지나간 것들을 붙들어두려는 의식의 작용을 강조한 말.-감수자
^{**} 현상학이란 의식에 직접 영향을 주는 현상을 분석하는 철학 기법이다.
^{***} 두 가지 사물이나 현상이 융합하여 서로 무차별한 하나가 되는 관계.-옮긴이

베르그송의 시간

시간의 본질은 지속성이다

시간은
공간화되어 있다!

100미터 달리기 영상을 한 장면씩 보면 거기에는 끊임없이 연속되는 운동 장면을 여러 개의 정지 화면으로 나눈 후 연결한 '평면의 집적', 이른바 단편화된 시간이 존재한다.

앙리 루이 베르그송(1859~1941)
프랑스의 철학자. 생명 진화의 근원으로서 '엘랑 비탈'(생의 비약)을 규정했다. 그는 저서 《의식에 직접 주어진 것들에 관한 시론》에서 시간론을 전개했다.

공간화한 시간은 시간이 아니다

베르그송은 후설과 같은 시대에 프랑스에서 활동했다. 베르그송은 시계의 눈금으로 익숙해진 시간은 '공간화한 시간'일 뿐이라고 말했다. 우리는 시간을 눈에 보이는 형태로 공간화하지 않으면 시간이라는 흐름을 떠올릴 수 없는 것이다.

힘들어!

수…
숨이 차올라.

속도가 나기 시작했다!

끊임없이 계속되는 의식의 지속이 시간의 본질이다.

지속이야말로 바로 시간의 본질

즐거운 시간은 눈 깜짝할 사이에 지나가고 지루한 수업은 좀체 끝나지 않을 것처럼 느껴지듯이, 원래 시간은 공간적으로 표상할 수 없는 다양성을 갖추고 있다. 베르그송은 공간적으로 나타낼 수 없는 본래의 시간을 '지속'이라고 했다. 지속은 공간화되기 이전, 즉 양적으로 일원화되기 이전의 '질적 다양성'을 지닌 것으로서의 시간이다.

> **시계만 바라보는 그대에게**
>
> 진정한 시간은 시계를 통해 알 수 없다. 시간이란 지속이다.

왜 학교에 가야 할까?

중학교(3년)
유치원(3~5년)
대학교(4년+a)
고등학교(3년)
초등학교(6년)

사회에 나가기 전에 학교만 약 20년을 다니는구나.
어휴, 아찔해.

1
학교

이 세상에는 우리 가까이에서 큰 도움을 주지만, 그 존재를 이해하기 어려운 것들이 있습니다. 그중 하나가 학교입니다. 도대체 왜 우리는 학교에 다녀야 하는 걸까요? 이는 현재 학교에 다니고 있는 사람들에게 특히 절실한 질문이겠지요.

주변의 어른들을 보아도 학교에서 배운 수식이나 법칙이 사회에서 도움이 되는 경우는 적어 보입니다. 그런데도 학교에 왜 가는 걸까요? 사실 이 의문에 보편적인 답은 없습니다. 그 답은 학교에 다니는 사람의 수만큼 개인의 사정에 의해 좌우되지요.

이런 경우, 철학에서는 문제의 차원에 변화를 줍니다. 학교에 다니는 사람에서 학교로 관점을 옮기면 새로운 의문으로 귀결됩니다. 과연 학교란 무엇일까요? 그리고 교육이란 무엇일까요? 또 학교란 무엇을 하려는 존재일까요? 이런 식으로 말이지요.

루소의 학교

학교에서 중요한 것은 학습이 아니다

자연 그대로가 바람직하다.

학교는 필요 없다.

자연이야말로 우리의 학교다!

장 자크 루소(1712~1778)
스위스에서 시계공의 아들로 태어나 학교 교육을 받지 못했다. 프랑스대혁명 전의 파리에서 저작 활동에 몰두했는데, 그의 저서 《에밀》에 칸트도 큰 감명을 받았다고 전해진다. 《고백록》, 《사회계약론》 등의 저서가 있다.

자연으로 돌아가라!

18세기 프랑스 사상가 루소는 다방면에 걸쳐 저작을 남겼다. 그중에서 교육론과 관련하여 잘 알려진 저서는 1762년 출간된 《에밀》이다. 에밀의 성장을 통해 당시 교육의 모순을 비판하는 동시에, 개성을 존중하는 자유로운 교육을 주장하며 근대 교육 행정에 큰 영향을 주었다.

학교 선생님

루소

루소에 따르면, 선생님은 아이들이 사회로부터 악영향을 받지 않도록 신경 쓰고 보살펴야 한다.

호이!

학교여, 개성을 방해하지 말라

루소는 인간은 원래 풍부한 감수성을 갖추고 있다고 생각했다. 그렇기 때문에 학교는 필요악이며, 학교의 역할은 아이들이 원래 가지고 있는 섬세한 정서를 해치지 않는 것이다. 즉 학교 교육은, 지식의 습득이 아닌 연령별 뇌의 발달에 적합한 지성을 제공하는 환경을 구축하는 것이 중요하다.

선생님에게 미움을 받는다고 한숨짓는 딸에게

선생님은 크게 신경 쓰지 않아도 괜찮다. 자연이야말로 학교이자, 선생님이기 때문이다.

듀이의 학교

사회로 나가기 위한 교육이 가장 중요하다

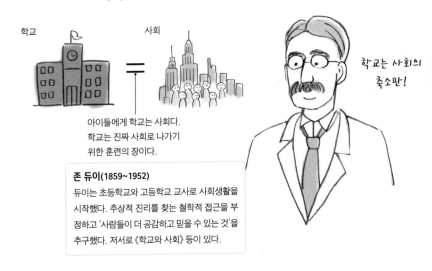

학교 = 사회

아이들에게 학교는 사회다.
학교는 진짜 사회로 나가기
위한 훈련의 장이다.

학교는 사회의
축소판!

존 듀이(1859~1952)
듀이는 초등학교와 고등학교 교사로 사회생활을
시작했다. 추상적 진리를 찾는 철학적 접근을 부
정하고 '사람들이 더 공감하고 믿을 수 있는 것'을
추구했다. 저서로 《학교와 사회》 등이 있다.

1

학교

학교는 사회의 싹이다

듀이는 1896년 세계 최초로 실험 학교를 설립했다(시카고대학교 부속 초등학교, 1903년 폐교).
그는 교육학은 실험과학이며, 이를 통해 탄생한 이론을 검증하는 장소가 학교라고 말했다. 실
험 결과, 듀이는 학교를 '사회의 싹'이라고 생각하게 되었다. 학교는 아이들이 사회로 나가기
위해 훈련하는 장소인 것이다.

상업고등학교에서는
장부 작성을 가르친다.

공업고등학교에서는
기계 조작을 배운다.

학교에서는 사회로 나가기 위한 교육이 필요하다

학교가 사회로 나가기 위한 훈련
의 장이라고 한다면 획일적인 주
입식 교육은 있을 수 없다. 아이들
은 협동 활동을 하면서 문화를 계
승하는 능력을 몸에 익히고, 사회
를 변화시켜 갈 능력도 키운다. 이
처럼 듀이의 교육론에서는 사회
로 나가기 위한 교육을 가장 중요
하게 여겼다.

학교에 가기 싫어하는 아
들에게

학교는 사회의 싹이다. 사
회에서 살아가기 위한 훈
련이라고 생각하자.

푸코의 학교

학교는 국가에 필요한 인간을 만드는 규율 훈련의 장이다

학교는 제도라는 틀 안에 있는 감옥과 같다!

미셸 푸코(1926~1984)
프랑스 철학자. 권력의 상호 관계에 의해 사회가 규정된다고 생각했다. 저서로《말과 사물》,《광기의 역사》,《성의 역사》 등이 있다.

학교는 국가의 필요에 의한 제도

너무 당연한 이야기지만, 국가를 존속하기 위해서는 일정 수의 국민이 필요하다. 푸코는 학교가 국가를 위한 장치, 즉 국민의 신체를 건강하게 유지하고 국민의 수를 관리하기 위한 제도라고 비판했다. 학교는 반복적·정기적으로 시험을 실시하고 지식을 외우게 하는 등 다양한 규율 훈련을 실천하는 장소인 것이다.

대학교　고등학교　중학교　초등학교　유치원

국가 권력이 학교를 유지한다.

규율을 가장 중요시하는 교육

국가가 존속하는 한 학교는 사라지지 않는다

학교는 교실이라는 한정된 공간 속에서 시간표라는 획일적인 일정에 따라 여러 교과목을 배울 수 있는 훈련의 장이다. 무엇보다 개개인의 학습 내용 이상으로 국가에 바람직하고 순종적인 학습 태도를 습득하게 하는 것이 중요하다. 푸코는 이 세상에 국가가 존재하는 한 학교는 사라지지 않는다고 말했다.

학교 생활이 맞지 않아 고민인 친구에게

학교는 결국 국가 권력이다. 학교와 객관적인 관계를 맺자.

남자와 여자는 어떻게 다를까?

항상 인형을 선물 받았지만 사실 진짜로 갖고 싶은 건 프라모델이었어.

남자와 여자의 차이를 이야기할 때, 생물학적인 여성 ♀(XX)과 남성 ♂(XY)을 의미하는 섹스(sex)와 사회적·문화적 의미에서의 남녀를 가리키는 젠더(gender)를 문맥에 따라 구분하여 논의해야 합니다. 왜 이러한 구분이 필요할까요? 그 이유는 인간의 생물학적인 성차와 주관적인 성 감정 사이에 근본적인 차이가 있기 때문입니다.

　동물의 본능적인 성행위의 안전성과 항상성에 비교하면 인간의 성행위에서는 놀랄 만한 다양성을 확인할 수 있습니다. 기준이 되는 형태가 없기 때문에 끊임없이 일탈을 계속하는 것이지요. 고대 그리스에서 동성애는 매우 자연스러운 사랑의 형태였습니다. 근대에 들어와 건강한 남성을 징병하려는 목적으로 성 인식에 대한 일치를 요구했으나, 국민국가라는 전제가 무너지고 있는 오늘날에는 동성애 커플을 향한 사회 인식과 성소수자에 대한 이해가 깊어지는 등 성의 다양한 모습이 점점 특별한 것이 아닌 평범한 모습으로 받아들여지고 있습니다.

플라톤의 성

플라토닉 러브가 최고다

육체는 영혼의 감옥이다.

플라톤은 저서 《향연》에 스승 소크라테스와 비극 작가 아가톤 등을 등장시켜 에로스(사랑)에 관해 연설하는 모습을 그렸다.

육체적 사랑은 저차원, 정신적 사랑은 고차원이다

고대 그리스 철학자 플라톤은 연애를 주제로 하는 《향연》이라는 저서에서 정신적인 사랑을 중요시하는 정신적인 사랑(플라토닉 러브)을 찬양했다.

> **플라톤**(기원전 427~기원전 347)
> 고대 그리스 철학자. 스승 소크라테스가 주인공인 대화 형식의 저서 《국가》, 《향연》 등이 유명하다. 플라톤의 저서에서는 정신적인 사랑을 동성애에서 찾고 있다.

인간에게는 세 가지 성이 있다

《향연》에는 인물이 6명 등장하여 사랑을 이야기하는데, 그중 한 명이 희극 작가 아리스토파네스 이다. 플라톤은 아리스토파네스에게 이렇게 말한다. "아득한 옛날 인간은 구 모양에 서로 등을 맞대고 한 몸으로 붙어 있었다. 여기에는 남자와 남자, 여자와 여자, 남자와 여자(양성성)라는 세 가지 성이 있었으나, 둘이 합체해 있어 능력이 두 배임을 자랑하고 자만하여 인간들이 신을 두려워하지 않는 행동을 했기 때문에 둘로 나뉘는 벌을 받았다. 그래서 인간은 예전에 잃어버린 반쪽을 찾아 헤매는 것이다. 그것이 바로 사랑이다."

참고로 동양의 경우 중국 당나라 시대에는 부부가 될 남녀의 인연을 붉은 실로 이어 준다는 월하노인 설화에서 유래한 '붉은 실 전설'이 널리 퍼졌다. 이 전설은 남녀의 사랑만을 다루고 성차에 대한 의심을 찾아볼 수 없다는 점에서 아리스토파네스와 결정적인 차이가 있다.

구형 인간을 상상한 그림. 남녀가 한 몸인 상태를 앤드로지니(androgyny, 양성성·양성구유)라고 한다. 그리스어로 남성을 뜻하는 앤드로와 여성을 뜻하는 지니의 합성어이다. 두 개의 성을 모두 가진다는 것을 의미한다.

> 결혼 상대를 찾고 있는 그대에게
>
> 또 한 명의 자신인 당신의 잃어버린 반쪽을 찾을 수 있기를.

* 아리스토파네스는 고대 그리스 희극 시인으로 소피스트, 교육 등을 풍자했다. 작품 〈구름〉에서는 플라톤의 스승 소크라테스를 희화했다.

보부아르의 성

여성성은 사회에 의해 만들어진다

어릴 적부터 '치마를 입으라', '구두를 신으라'는 말을 들으며 '여자'로 만들어지는 것이다.

여자로 태어나는 것이 아니라 여자가 되는 것이다.

여자로 태어나는 것이 아니다

보부아르는 저서 《제2의 성》에서 실존주의를 바탕으로 "여자로 태어나는 것이 아니라 여자로 만들어지는 것"이라고 말했다. 여자다움이나 남자다움은 사회가 붙인 라벨에 불과하다. 페미니즘의 고전인 《제2의 성》은 이처럼 섹스와 젠더의 차이를 명확하게 지적한다.

시몬 드 보부아르(1908~1986)
프랑스 철학자. 여성 고유의 권리를 주장하는 페미니스트의 선두주자이지만, 철학자로서 본인의 활동보다 사르트르의 파트너로서 주목받았다.

실존은 본질에 앞선다.

깨달으니 존재하고 있다(실존).

행동에 의해 자신의 의미(본질)를 완성하다.

있어야 하는 자신

장 폴 사르트르(1905~1980)
프랑스 철학자. 세 살 되던 해 왼쪽 눈을 실명했다. 살아서 행동하는 자신의 존재를 '실존'이라고 칭하며, 자신이 주체가 되어 살아가는 실존주의를 제창했다. 저서로 《존재와 무》 등이 있다.

사람은 행동하지 않으면 의미가 없다

보부아르는 실존주의를 제창한 사르트르의 파트너였다. 실존주의는 인간의 존재 자체에 애초에 정해진 의미(본질)는 없다고 여긴다. 우리는 깨달은 순간에도 자신이 누구인지 알지 못한 채 존재한다(실존). 당연히 본래적인 남자도 여자도 존재하지 않는다. 따라서 사르트르는 이해할 만한 가치가 있는 자신의 본질을 자신의 행동을 통해 평생 만들어 나가야 한다고 주장했다.

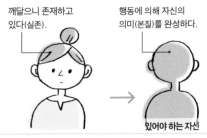

모성을 지나치게 요구하는 남자 친구에게

그거야말로 사회가 붙인 라벨! 여자니까 당연히 모성이 있다고 생각하면 오산이다.

주디스 버틀러의 성

생물학적 성차는 자명한 사실이 아니다

진정으로 성차별을
없애려면
남녀의 경계를
흔들어야 한다.

> **주디스 버틀러(1956~)**
> 미국 철학자. 성의 체제가 남녀라는 이항 대립으로 구성되는
> 것을 억압이라고 생각하며, 이성애는 인위적으로 만들어진
> 것이라고 주장했다. 저서로 《젠더 트러블》 등이 있다.

초기 페미니즘의 목표

보부아르에서 시작한 페미니즘은 젠더를 '사회적으로 구축된 후천적 제도'라고 비판했으나, 생물학적인 성차는 명백한 사실이라고 간주했다. 이 생각은 남녀는 생물학적으로 대등하므로 모든 면에서 평등하게 취급받아야 한다는 고전적인 페미니즘 주장으로 귀결된다. 초기 페미니즘은 여성의 사회 진출을 방해하는 젠더 차원에서의 차별을 없애는 것을 목표로 했다.

기존의 페미니즘은 애매모호하다

이러한 기존의 페미니즘에 근본적인 의문을 가진 철학자가 버틀러다. 섹스라는 생물학적 성차를 기본으로 한다면 이성애가 당연시되어, 이성애에서 벗어난 동성애와 같은 성의 형태는 이단으로 배척당하고 만다. 그러나 오늘날에는 가지고 태어난 특정한 성과 당사자의 성 의식이 일치하지 않는 경우가 드물지 않다. 젠더는 문화적으로 규정한 것에 불과하다. 따라서 모든 의미에서 남/여의 가치 구분을 철폐하자는 것이 버틀러의 전략이다.

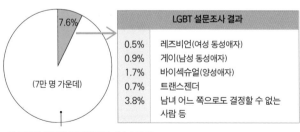

일본 전국 69,989명 대상 설문조사
(덴쓰 다이버시티 랩/2015년 4월)

LGBT 설문조사 결과	
0.5%	레즈비언(여성 동성애자)
0.9%	게이(남성 동성애자)
1.7%	바이섹슈얼(양성애자)
0.7%	트랜스젠더
3.8%	남녀 어느 쪽으로도 결정할 수 없는 사람 등

7.6%

(7만 명 가운데)

이 조사에 따르면 약 7만 명 중 성소수자에
해당하는 사람은 7.6퍼센트 나타났다.

> 성차별을 없애기 위한
> 포스터 용어로
>
> 남녀의 경계를 허무는
> 것이 중요하다.

우리를 둘러싼 의문 자유란 무엇일까?

제멋대로 굴기

집에 은둔하기

무엇이 자유일까?

1

자유

'자유'란 어떤 상태를 의미할까요? 다른 사람들의 속박을 전혀 받지 않는 상태가 자유일까요? 그렇다면 누구와도 관계를 맺지 않는 은둔형 외톨이 또한 자유라고 할 수 있습니다. 그러나 집에 틀어박혀 일상에 필요한 모든 일을 가족에게 떠맡기는 생활방식은 결코 자랑할 만한 것이 아닙니다. 그렇다면 무엇이든 자기가 좋은 대로 행동하는 상태가 자유일까요? 하지만 이는 단순히 제멋대로 행동하는 것과 큰 차이가 없습니다.

이 세상에는 자유가 바람직하다는 가치관이 널리 공유되고 있습니다. 하지만 정말 그럴까요? '신호등이 빨간불이어도 다 함께 건너면 무섭지 않다'라는 말처럼 집단에 속해 있는 편이 오히려 마음이 놓인다는 의견도 어느 정도 수긍할 수 있습니다. 반대로 말하면 자유에는 모든 것을 스스로 결정해야 한다는 무거운 책임이 있는 것이지요.

그렇다면 '자유란 무엇인가?'는 의외로 어려운 질문임을 이해하게 됩니다. 역사 속 철학자들도 진지하게 자유에 대해 고민해 왔습니다.

로크의 자유

자유는 사람 사이의 계약으로 성립한다

자연 상태에서 인간은 욕망 덩어리다.

국가에 생명과 건강, 자유, 재산의 권리를 믿고 맡기자.

자연 그대로의 상태

존 로크(1632~1704)
영국 철학자. 인간은 본래 타불라 라사(백지) 상태에 있으며, 지각의 '경험'에 의해 인식을 습득한다고 생각했다. 저서로 《통치론(시민정부론)》, 《인간지성론》 등이 있다.

자유는 사회와의 계약으로 만들어진다

'사회계약론' 사상은, 야생 동물과 같은 자연 상태와 우리가 누리는 문화적 생활 사이에 선을 긋고 사회를 자연 상태의 부정으로 보는 발상이다. 인간은 사회 질서를 유지하자는 약속(계약)을 함으로써 인간으로서 자유를 획득한다. 사회계약론은 영국의 토머스 홉스(1588~1679)가 처음 제창했으나 로크가 더욱 발전시켰다. 이후 프랑스 철학자 루소가 다가올 바람직한 사회를 실현하기 위한 방법으로 사회계약론을 주장했다.

스스로를 지키는 자경 조직의 성립에 동의한다.

시민과 계약한 국가가 모두의 자유를 지킨다.

시민(개인)

국가는 자유를 지키기 위한 존재

로크는 오래전 인간은 국가라는 권력 없이 자급자족을 실현하는 평화로운 집단 생활을 해 왔다고 생각했다. 그러나 화폐의 등장으로 상황은 급격하게 변화했다. 음식과 달리 부패하지 않는 화폐는 축적이 가능해 사유재산을 만들어 냈으며, 그 결과 빈부 격차가 생겨났다. 그렇게 되면 일하지 않고 다른 사람의 재산을 빼앗으려 하는 뻔뻔한 무리도 출현하기 마련이다. 그래서 인간은 스스로를 지키는 자경 조직이 필요해진다. 이러한 조직을 설립하는 것에 대한 집합적인 동의가 바로 사회계약이며, 로크는 이것이 국가의 기원이 되었다고 생각했다.

> 정치가를 꿈꾸는 친구에게
>
> 자유를 지키기 위해 국가가 존재한다는 사실을 잊지 말라.

사르트르의 자유

자기실현에 다양한 선택지를 제공한다

인간은 자유라는 형벌을 받고 있다.

장 폴 사르트르(1905~1980)
프랑스 철학자. 28쪽 참고.

신은 없다, 그러므로 인간은 행동으로 미래를 만든다

사르트르는 '무신론적 실존주의'를 표방했다. 만약 창조의 신이 있다면 이 세상의 모든 존재는 피조물※이며, 그것이 무엇인가 하는 본질은 이미 정해져 있다. 그렇다면 우리 인간 역시 피조물이므로 어떠한 자유도 갖지 못하는 것이다.

그러나 우리는 자신이 어떤 존재인지 알지 못한 채 이미 존재하고 있다(실존). 그래서 사르트르는 무신론을 주장했다.

나는 무엇을 하면 좋을까.

자유롭게 자아를 실현할 수 있는 한편, 모두 자신의 책임이 되기 때문에 고통스럽기도 하다.

인간은 자유라는 형벌을 받고 있다

사르트르는, 자신이 무엇인가(본질)에 대한 규정이 결여된 실존이기 때문에 우리는 어떻게든 자아를 실현해 갈 수 있다고 생각했다. 하지만 이를 다르게 해석하면 우리는 무(無)의 상태에서 스스로 창조해 나가야 하며, 심지어 그 창조에는 선행하는 본보기도 존재하지 않는다. 사르트르는 이러한 상태를 두고 "인간은 자유라는 형벌에 처해 있다"라고 표현했다.

은둔형 외톨이인 아들에게

지금은 자유라는 형벌을 받고 있는 것이다. 일단 행동을 시작하자.

※ 피조물이란 신에 의해 만들어진 것을 의미한다.

프롬의 자유

자유에는 항상 불안이 따른다

에리히 프롬(1900~1980)
독일의 심리학자. 나치가 정권을 잡자 미국으로 이주했다. 프로이트의 심리학 이론을 현실 사회에 적용하는 사회심리학을 전개하고 논단을 이끌었다. 저서로 《자유로부터의 도피》 등이 있다.

자유를 획득한 근대사회

근대가 되자 유럽에서 자본주의가 대두되고 시민 사회가 성숙해지면서, 사람들은 봉건제하의 영주나 교회라는 권위로부터 자유로워졌다. 이렇게 자유로운 개인은 탄생했으나, 대신 예전부터 자신을 둘러싸고 있던 유대감과 안정감을 잃고 고독과 불안으로 고통받게 되었다.

그 결과 불안감을 견디지 못하고 자신이 의지할 수 있는 권위에 굴복하고 마는 사람들도 나타났다. 스스로 모든 것을 결정하는 책임의 중압감보다 다른 존재에게 판단을 위임하는 편안함을 선택하는 심리를 이해하지 못하는 것도 아니다. 그러나 이러한 '자유로부터의 도피'로 인해 파시즘이라는 최악의 사태를 초래했다.

파시즘

자유라는 중압감에서 벗어나기 위하여

프롬은 《자유로부터의 도피》라는 저서를 통해 나치에 열광하고 심취한 민중의 심리를 분석했다. 일반적으로 바람직하다고 여겨지는 자유로부터 왜 도망쳐야 했을까? 사르트르도 말했듯이 모든 속박으로부터 해방되어 모든 것이 자신에게 맡겨지는 자유는, 다르게 표현하면 '자유라는 형벌'에 가깝다.

히틀러가 부상할 수 있었던 배경에는 이렇게 자유에 대한 불안이 존재했다. 자유는 마냥 좋은 것이 아니라 때로는 지나치게 가혹한 것이 될 수 있다.

> **지나치게 자유로운 딸에게**
>
> 자유라는 것의 무게는 대단히 무겁다.

※※ '승리 만세!'라는 뜻으로, 나치식 경례를 할 때 외치던 구호.-옮긴이

신체란 무엇일까?

움직임을 의식하니
왠지 걸음이 부자연스러워져….

보통 사람은 오른손과 왼발, 왼손과 오른발을 번갈아 움직이며 걸어.
왼손과 왼발을 동시에 움직이지는 않지.
우리는 정말 스스로 신체를 통제하고 있는 것일까?

신체는 누구에게나 존재합니다. 그리고 우리는 스스로 신체를 통제하고 있다고 생각합니다. 손을 뻗어 찻잔을 들고 차를 마신다든지, 손발을 서로 엇갈리게 내밀며 걸으면서 우리는 평소 의지의 힘으로 신체를 조종한다고 생각합니다.

하지만 때로 신체는 우리의 의지를 거스르기도 합니다. 전날 충분히 잤는데도 수업 시간에 꾸벅꾸벅 졸거나 배고픔을 견디지 못하고 다이어트에 실패한 경험 등이 있지요. 그뿐 아니라 신체 활동을 통해 정신에 변화가 오는 경우도 있습니다. 운동이나 훈련에 몰두하다 보면 고민이 말끔히 사라지기도 하는 것처럼요.

원래 철학은 존재나 인식의 문제를 고민하는 행위에서 시작되었기 때문에 인간이 인간다운 이유를 지성과 의지의 활동에서 찾으려는 경향이 있습니다. 그리스도교에서는 육체를 욕망의 감옥이라고 표현하며 부정적으로 다룹니다. 신체란 사물 가운데 하나일까요? 아니면 사물에 한정되지 않는 특별한 것일까요?

데카르트의 신체

의식과 달리 의심할 수 있는 것이다

신체는 물체이자, 마음과 구별되는 것이다.

그곳에 존재하지 않는 것을 보는 지각은 확실한 것이 아니다.

르네 데카르트(1596~1650)
프랑스 철학자. 저서 《방법서설》에 쓰인 "나는 생각한다, 고로 존재한다"(Cogito, ergo sum)는 이성을 통해 진리를 탐구하고자 하는 근대 철학을 대표하는 선언이 되었다.

의심할 수 있는 것을 배제한다

데카르트는 학문이란 확실한 지식을 제공하는 것이라고 생각했다. 그렇다면 확실한 지식이란 무엇이며, 어떻게 손에 넣을 수 있을까. 데카르트는 의심할 수 있는 것을 철저하게 배제한 뒤에 남은, 절대로 의심할 수 없는 것이 확실한 지식이라고 생각했다. 의심할 수 있는 것을 계속해서 제거해 나감으로써 확실한 지식에 도달하려는 과정이 '방법적 회의'다.

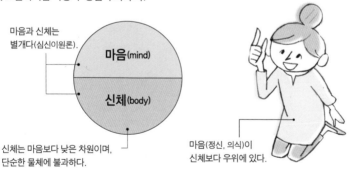

마음과 신체는 별개다(심신이원론).

마음(mind)

신체(body)

신체는 마음보다 낮은 차원이며, 단순한 물체에 불과하다.

마음(정신, 의식)이 신체보다 우위에 있다.

확실한 마음이 불확실한 신체보다 우위에 있다

데카르트는 우선 외부의 정보를 전달하는 감각에 주목했다. 착시나 환청 등 감각은 때때로 우리를 속인다. 감각 능력을 갖춘 신체를 통한 인식은 확실하지 않아 의심할 여지가 있다. 반면 사유하는 능력으로서 의식의 존재는 의심할 여지가 없다. 이에 데카르트는 확실한 지식이 문제가 되는 상황에서는 의식과 신체를 엄격하게 구별하는 '심신이원론'을 제창했다.

> **연인에게 바람을 들켰다면**
> 몸과 마음은 별개다. 의식(마음)은 당신뿐이다.

메를로퐁티의 신체

의식(마음)과 신체는 끊으려야 끊을 수 없는 관계다

신체
(body)

마음
(mind)

때로는 마음이, 때로는 신체가 우위에 있다. 마음과 신체는 떼려야 뗄 수 없다.

데카르트

1

신체

때로는 의식이, 때로는 신체가 우위

진리 인식 차원에서 심신이원론을 주장한 데카르트(35쪽)도 일상적인 차원에서는 심신합일을 인정했다. 하지만 이렇게 사고를 구분하는 것이 근본적으로 가능한 일일까? 신체는 의식의 모든 활동에 수반되며, 단순한 반사 활동을 별개로 본다면 반대로 모든 신체 행위에 의식이 수반된다. 우리는 이미 신체와 함께 살아가고 있다.

마음

의식과 신체는 분리하여 생각할 수 없다.

신체

의식과 신체는 둘 다 소중하다.

모리스 메를로퐁티(1908~1961)
프랑스 철학자. 그는 저서 《지각의 현상학》에서 지각의 주체인 신체는 객체를 포함하고 있다고 생각하여 신체에 고유의 가치를 부여했으며, 의식과 신체가 갖추어질 때 비로소 자기 인식에 도달한다고 말했다.

양의적인 의식과 신체

메를로퐁티는 의식과 신체가 상호보완적 관계라는 상식적인 발상을 바탕으로, 기존의 의식 중심의 철학사에서 변화를 시도했다. 어떤 의식적인 행위도 신체의 뒷받침이 있어야만 가능하다. 메를로퐁티는 어느 하나가 우위를 차지하지 않는 의식과 신체의 관계를 양의성이라고 표현했다.

> **바람을 피운 연인에게**
>
> 마음과 신체는 밀접한 관계가 있다. 별개가 아니다!

푸코의 신체

권력은 신체와 정신을 모두 공격한다

미셸 푸코(1926~1984)
프랑스 철학자. 25쪽 참고.

권력은 어디에나 잠재되어 있다

푸코는 권력 문제를 중점적으로 사고했다. 보통 권력이라고 하면 확고하고 위압적인 존재를 떠올린다. 하지만 푸코에 따르면 현대의 권력은 일상 곳곳에 침투해 있어 무의식중에 우리를 통제하고 있다. 그는 권력의 보이지 않는 통제의 핵심이 신체라고 지적했다.

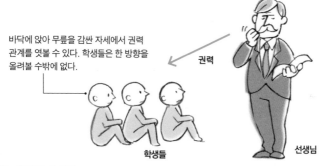

신체는 권력의 은신처

몸으로 기억한 것은 쉽게 잊어버리지 않는다고 말한다. 보통 초등학교에 들어가면 경험하는 바닥에 앉아 무릎을 양팔로 감싼 부자연스러운 자세는 한눈을 팔거나 딴짓을 하기 어려워 정면을 바라볼 수밖에 없다. 학교의 권력자인 선생님의 이야기에 귀를 기울일 수밖에 없도록 만들어지는 것이다. 이 자세가 익숙해지면 성인이 되어도 부자연스럽다고 느끼지 않는다. 이처럼 패턴화된 신체 감각을 통하여 권력은 당연하다는 듯이 우리의 생활에 침투한다.

> **부모가 되었다면**
> 부모는 아이에게 있어 권력이다. 부모라는 이유만으로 아이의 몸과 마음의 성장에 영향을 미칠 수 있다는 점을 항상 기억하자.

자연 과학과 철학

자연의 원초적인 힘의 '근본 원리'(arche)를 찾기 위한 시도인 자연 과학적 탐구는 기원전 6세기 그리스에서 시작되었습니다. 오늘날처럼 관측 기구도 실험 장치도 없던 시대에 현대 원자론의 기본이 되는 발상까지 도달했다는 사실이 매우 놀라울 따름입니다. 인간을 둘러싸고 있는 자연을 탐구하는 것이 인간을 이해하는 데 필요하다고 생각한 고대 사람들이 철학자인 동시에 과학자이기도 한 이유입니다.

하지만 그 후 로마 제국 시대에 그리스도교가 보급되면서 철학자의 과학적 발견은 점점 잊혀 갔습니다. 중세시대가 되어 십자군 원정 등을 통해 이슬람 문화와 접하게 된 유럽에서는 12세기경 '르네상스'가 일어났습니다. 아랍어로 번역된 그리스 철학자의 저서가 유럽에 역수입된 것입니다. 아리스토텔레스의 저서 《천체에 관하여》, 《기상학》이 대표적인데 이 시기에 라틴어로 중역되었습니다. 또한 중세 시대에는 이러한 학문의 지각 변동이 이어져 16세기 과학 혁명이 일어나 코페르니쿠스, 케플러, 갈릴레이, 뉴턴과 같은 과학자들이 많은 연구 성과를 남겼습니다.

다만 코페르니쿠스 등 과학 혁명을 이끈 사람들의 목적은 그리스 철학자와 달리 그리스도교적으로 진리를 확증하는 것이었습니다. 자연 과학을 탄생시킨 것은 사상적으로 철학의 정반대에 있는 종교였습니다. 사람들은 18세기 계몽 시대가 되어서야 비로소 종교로부터 자립하기 시작했으며, 그 과정에서 중세가 암흑시대라는 좋지 않은 이미지로 왜곡되기도 했습니다.

그리스 철학은 오랫동안 유럽에서 잊혀 가고 있었다.

이슬람인이 그리스 철학을 다시 유럽으로 가져갔다.

이슬람 제국군   십자군

2장

언어를 생각한다

우리의 사고와 의사소통에서 빼놓을 수 없는 언어.
철학자들은 언어 자체를 받아들이는 방법은 물론
언어가 인식에 미치는 영향 또한 고민해 왔다.

나란 무엇일까?

다른 사람도 나도 모두 똑같이 '나'인 걸까?

'나'란 무엇일까요? 다시 물어도 역시 잘 이해할 수 없는 질문입니다.

저는 저에게 있어 '나'입니다. 여러분도 스스로에게 있어서 '나'일 테지요. 그렇다면 이 두 가지 '나'는 같은 것을 의미하는 걸까요? 아마 둘은 동일하지 않을 것입니다. 여러분의 '나'를 저는 절대 경험할 수 없기 때문입니다.

또 '나란 무엇일까?'라고 묻는 것도 나이며, 그 물음을 받는 것 또한 나 자신입니다. 이 두 가지 '나'는 동일한 존재일까요? 동일하다면 처음부터 이런 질문을 시작하지도 않았을 것입니다.

동물이 이런 질문으로 고민한다고 생각하기는 어렵습니다. 하지만 우리 인간에게 이런 질문은 결코 의미 없지 않습니다. 그러기 위해서는 질문을 받는 '나'와는 다른, 질문하는 자 즉 타인으로서의 '나'가 전제되어야 합니다. 그렇다면 '타인'이란 무엇일까요? 이렇게 질문은 꼬리에 꼬리를 물고 이어집니다.

소크라테스의 나

나는 무지한 존재다

델포이 신전의 기둥에 적힌
"'너 자신을 알라'는
'무지의 지'로 이어진다.

너 자신을
알라.

소크라테스의 근원은 델포이 신전의 격언

고대 그리스에는 델포이 신전이 있었다. 당시 사람들에게는 어떤 문제가 생기면 신전에 찾아가 참배하고 신탁을 받는 관습이 있었다. 델포이 신전의 기둥에 새겨진 격언이 바로 "너 자신을 알라"이다. 소크라테스는 이를 자신의 사상의 근본으로 삼고, 자기 자신을 알아 가는 것을 평생의 과제로 삼았다.

> **소크라테스**(기원전 470경~기원전 399)
> 고대 그리스 철학자. 저작을 남기지 않은 소크라테스의 학설은 주로 제자 플라톤이 기록한 《대화편》*에 의해 전해지고 있다. "너 자신을 알라"는 델포이의 신탁을 '나'에 대한 사고의 출발점으로 두었다.

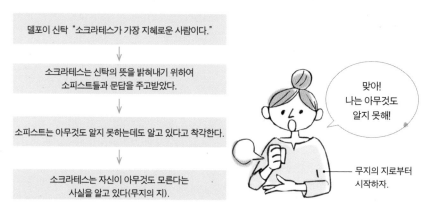

델포이 신탁 "소크라테스가 가장 지혜로운 사람이다."

↓

소크라테스는 신탁의 뜻을 밝혀내기 위하여
소피스트들과 문답을 주고받았다.

소피스트는 아무것도 알지 못하는데도 알고 있다고 착각한다.

↓

소크라테스는 자신이 아무것도 모른다는
사실을 알고 있다(무지의 지).

맞아!
나는 아무것도
알지 못해!

무지의 지로부터
시작하자.

자신이 무지하다는 사실을 자각하다

신에게 문제를 위임하는 것이 아니라 먼저 자신이 무엇을 알고 무엇을 모르는지 인식할 필요가 있다. 그때 우리는 좋든 싫든 자신이 무지하다는 사실을 깨닫게 된다. 이 자각을 받아들이는 것으로부터 사색을 시작해야 한다는 소크라테스의 신념이 "너 자신을 알라"는 문장에 담겨 있다.

> **나를 찾는 그대에게**
>
> 먼저 모른다는 사실부터 자각하자.

---

* 《대화편》이란 대화 형식을 이용해 저술한 책으로, 특히 플라톤의 저서들을 의미한다.

프로이트의 나

자신에 대해서는 극히 일부만 안다

환자

자,
당신은 열 살
소녀입니다.

지금 무엇이
보입니까?

지그문트 프로이트(1856~1939)
오스트리아의 신경과 의사로, 정신분석의 창시자이다. 인간의 무의식을 끌어내 정신병을 치료하는 자유 연상법을 고안했다. 저서로 《꿈의 해석》, 《정신분석학 입문》 등이 있다.

프로이트는 '자유 연상법'을 통해
인간의 무의식을 끌어내 환자의
정신을 분석했다.

인간은 무의식을 알지 못했다

우리는 일반적으로 '나'라는 존재에 대하여 내가 가장 잘 알고 있다고 생각한다. '나'는 누구보다도 내 스스로 인식하고 있는 존재이기 때문이다. 하지만 프로이트는 내가 자각하는 '나'는 나의 지극히 일부분에 불과하다고 생각했다. 그 배후에는 스스로도 파악하지 못하는 무의식의 자신이 잠재되어 있는 것이다.

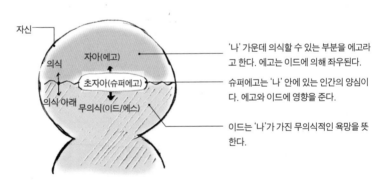

자신

의식

자아(에고)

초자아(슈퍼에고)

의식 아래

무의식(이드/에스)

'나' 가운데 의식할 수 있는 부분을 에고라고 한다. 에고는 이드에 의해 좌우된다.

슈퍼에고는 '나' 안에 있는 인간의 양심이다. 에고와 이드에 영향을 준다.

이드는 '나'가 가진 무의식적인 욕망을 뜻한다.

의식하는 나는 나의 일부에 불과하다

우리는 자신의 감정이나 욕구를 완벽하게는 통제할 수 없다. 아무리 자신을 의지로 다루려고 해도 그렇게 되지 않는다. 프로이트에 따르면 이는 인간의 욕망이 의식이 아니라 의식 아래에 잠재된 무의식(이드)에서 시작되기 때문이다. 우리가 알고 있는 '나'는 의식된 자아(에고)이며, 나의 일부에 불과하다.

> 자신에 대해 모르겠다고 말하는 딸에게
>
> 의식할 수 있는 것은 자신의 일부일 뿐이다. 진정한 나를 아는 것은 불가능하다.

하이데거의 나

자신의 존재에 대한 물음에 정답은 없다

내가 왜 지금 여기에 있는지 불안해지곤 한다.

누구나 자신의 존재에 대한 걱정을 안고 있다.

마르틴 하이데거(1889~1976)
독일 철학자. 현존재, 즉 인간의 존재 의미를 과거, 현재, 미래가 통합된 시간성으로 나타내려 한 저서 《존재와 시간》이 유명하다.

존재에 대한 물음에는 대답할 수 없다

'나는 누구인가.' 이 물음은 자신의 존재가 스스로 적합하지 않다는 위화감이 표출된 결과로 탄생한 것이라고 하이데거는 말했다. 하지만 나란 존재는 무엇인지, 왜 지금 여기에 존재하는지에 명확한 답은 없다. 그렇기 때문에 인간은 근본적으로 불안에 고통을 받는 존재라고 하이데거는 생각했다.

인간은 스스로 아무것도 생각하지 않고, 그저 타인을 따라 하기만 하면 안심한다. 그런 사람들이 나치즘을 이끌고 갔다고 할 수 있다.

불안을 억누르기 위해 나 자신을 버린다.

다른 사람과 똑같다는 안도감

누구나 어떤 시대의, 어떤 나라의, 어느 지역의, 어느 가족의 일원으로 살아가고 있다. 그러나 때론 이를 잘 받아들이지 못하고 나는 누구인가라고 자문하기도 한다. 하지만 답이 없는 물음과 마주하는 것은 우리를 지치게 한다.

우리는 나는 누구인가라는 답이 없는 물음과 마주하는 것을 회피하고, 다른 사람들과 똑같이 행동하고 주위에 영합하는 삶의 방식으로 불안을 억누른다. 하이데거는 이렇게 살아가는 사람을 '일상인'(das man)(77쪽)이라고 했다.

주변 상황에 쉽게 휩쓸리는 친구에게

일상인은 좋지 않다. 불안하더라도 스스로 결정해야 한다.

언어에 대하여 **서로 이해한다는 것은 무엇일까?**

어라? 똑같은 말을 하고 있는 거 아니야?

2

이해

우리는 평소 언어를 사용하여 타인과 의사소통을 하고 있습니다. 그렇다면 언어에 의한 의사소통에서 서로의 의도는 제대로 전달되고 있는 것일까요? 자신의 의사가 확실히 전해졌는지 또한 언어로 확인합니다. 이래서는 도저히 결론이 나지 않고 진전 없이 반복될 뿐입니다.

그럼 나 자신은 스스로 사용하는 언어의 내용을 제대로 이해하고 있을까요? 말을 입 밖에 내기 전 머릿속에서 만들어지는 내용들 또한 언어로 이루어져 있습니다. 그 언어가 머릿속의 사고 내용을 정확하게 반영하고 있는지를 확인하려 해도 그 또한 언어에 의존할 수밖에 없습니다.

언어는 우리의 의도를 정말 올바르게 매개해 주고 있을까요? "침묵은 금"이라는 옛말이 있듯 언어에 의존하지 않을 때 의미가 더 잘 전달되는 경우도 있지 않을까요? 연인이나 친구 사이처럼 속마음을 이해하는 관계라면 오히려 언어는 불필요할 수도 있습니다. 자, 그렇다면 누군가와 무언가를 '서로 이해한다'는 것은 어떤 의미일까요?

데카르트의 이해

상호 간의 이해에도 방법적 회의가 중요하다

서민

왕비

왕

서민에게도
이성은 존재한다.

왕비에게도
이성은 존재한다.

왕에게도
이성은 존재한다.

이성은
모든 이에게
평등하다.
이것이
합리주의다.

르네 데카르트(1596~1650)
프랑스 철학자. 35쪽 참고.

이성은 모든 사람에게 평등하게 주어진 능력

데카르트는 《방법서설》의 서두에서 "양식(良識)은 이 세상에서 가장 공평하게 분배된 것"이라고 했다. 양식이란 '진실과 거짓을 구별하고 올바르게 판단하는 능력'으로, 즉 이성(사물을 이해하는 능력)을 의미한다. 데카르트는 이성을 신분의 차이나 학식의 유무와 관계없이 모든 사람에게 동등하게 주어진 것이라여겼다. 그는 인간을 규정하는 데 이성을 감각이나 경험보다 중요하게 생각했다.

서민 또는
청년

왕비 또는
중년 여성

왕 또는
노년의 남성

신분 등의 정보를 모두
제거하면 서로 이해하기 쉽다.

의심스러운
모든 것을
제거하자!

이성을 위해, 먼저 의심해 본다

데카르트의 말처럼 인간에게 정말 이성이 있다면 서로 이해하는 데 어려움이 있을 이유가 없다. 하지만 때로 우리는 서로를 제대로 이해하지 못한다. 그 이유는 무엇일까. 이에 대해 데카르트는 많은 사람이 이성의 올바른 사용 방법을 간과하기 때문이라고 답했다. 살아온 환경의 차이와 사회의 나쁜 관습 때문에 이성이 왜곡된다는 것이다. 데카르트는 일단 모든 것을 백지화하고 근본부터 다시 생각한다는 '방법적 회의'(35쪽)를 지향했다. 데카르트에게 방법적 회의는 사람들끼리의 상호 이해에 이르는 길이기도 했다.

초면인 사람과 만나면 긴장하는 직장 후배에게

상대방의 직함에 구애받지 말고 마주하자.

045

비트겐슈타인의 이해

서로 이해하기 위해서는 그때그때 확인해야 한다

비트겐슈타인의 스승인 러셀과 친구인
경제학자 케인스는 그의 예민한 감각에
크게 감탄했다.

러셀

케인스

언어는 세계를 반영한다.
말할 수 없는 것은
침묵해야 한다.

루트비히 비트겐슈타인(1889~1951)
오스트리아 출신 철학자. 그가 초기에 저술한《논리 철학
논고》는 논리 실증주의에 영향을 주었으며, 후기에 저술
한《철학적 탐구》의 언어 분석은 일상언어학파에 영향을
주었다.

2
이해

말할 수 없는 것은 침묵해야 한다

비트겐슈타인은 한평생 언어와 의사소통의 문제를 고찰한 철학자이다. 하지만 그의 전기와 후기 사상에
는 꽤 차이가 있다. 비트겐슈타인의 첫 번째 저서인《논리 철학 논고》에서는 언어가 세계를 반영하는 거
울이며, 의미가 있는 언어에는 그에 대응하는 사실이 존재한다고 말했다. 즉 올바른 언어를 사용한다면
의사소통의 문제는 발생하지 않을 것이라고 생각했다. 이는 말로 할 수 없는 것에 대해서는 침묵하고 있
을 수밖에 없다는 의미이기도 하다.

언어

언어는 모두 언어 게임
과 같다. 목적지가 어디
인지는 그때그때 확인
할 수밖에 없다.

비트겐슈타인은 노년에
저술한 저서에서 전기와
꽤 달라진 주장을 전개했다.

비트겐슈타인

언어가 제대로 통했는지 확인하는 수밖에 없다

비트겐슈타인은 사후에 출판된 저서인《철학적 탐구》에서 언어의 의미는 언어
가 사용되는 순간의 상황 속에서만 결정된다고 주장했다. 또한 그는 언어를 주
고받는 행위를 '언어 게임'이라고 부르자고 제안했다. 대화를 언어 캐치볼에 비
유한다면 던진 공(출발 언어)이 상대방에게 제대로 도달하는지(도착 언어)는 던
진 후에 알 수 있는 것이다(55쪽).

의사소통이 서툰 그
대에게

상황마다 달라지는 대
화를 즐겨 봐!

가다머의 이해

완벽한 상호 이해는 없다

문장 전체가
완성되기 전까지
개별 언어의 의미를
확정 짓지 않는다.

"좋아해."
"…!"

"바나나를."
"아….'

"너도!"
"!!!!!"

부분과 전체의 순환

언어를 이해한다는 것은 과연 어떤 것일까. 사용되는 단어 하나하나의 의미를 알지 못한다면 문장 전체의 의미도 이해할 수 없다. 그러나 개별 단어의 의미는 문장 전체가 완성된 후 확정된다. 발화의 상태나 대화의 흐름에 따라 단어의 의미가 유동적으로 바뀌는 경우도 있다. 각 단어와 전체로서의 발화 사이에는 '부분과 전체의 상호 관계'와 '순환'이 확인된다는 것이 가다머가 제창한 '해석학'의 대전제이다.

언어의 의미는
문장 전체로밖에
이해할 수밖에 없다.
의사소통은 어디까지나
과정일 뿐이다.

한스게오르크 가다머(1900~2002)
독일 철학자. 가다머는 언어(말할 때와 들을 때 모두)에는 그 사람의 역사가 반영되기 때문에, 언어의 의미는 말하거나 들을 때 해석에 따라 달라진다는 해석학을 주장한 것으로 유명하다.

인간은 결코 서로를 이해할 수 없다

누가, 언제, 어디에서 이야기하는가에 따라 같은 단어라도 의미는 바뀔 수 있다. 이를 두고 해석학에서는 말하는 사람(발화자)과 듣는 사람(청자)에게 각각 역사가 존재한다고 표현한다. 서로 발화를 이해하기 위해서는 상대방의 역사를 이해해야 한다. 개인의 역사와 환경, 그 외의 다양한 수준에서의 상호적 관계를 '해석학적 순환'이라고 부른다.

가다머는 모든 의사소통은 순환이며 끝이 없는 과정이라고 생각했다. 즉 의사소통은 언제나 도중에서 시작하여 도중에 머물기 때문에 완벽한 상호 이해에 도달할 수 없다. 그때마다 어딘가에서 매듭을 지을 수밖에 없는 것이다.

> **의사소통이 서툰 그대에게**
>
> 완벽한 이해는 불가능하다. 그러므로 타협점을 찾아보자.

색이란 무엇일까?

똑같은 바다라도 낮에는 밝은 파란색, 밤에는 검푸른색.
바다의 색이 바뀔 리는 없는데….

색이란 표면으로부터의 반사광을 의미하며, 사전적으로는 사물 표면의 반사율에 따라 결정되는 밝기라고 정의합니다. 하지만 실제로 우리의 눈에 보이는 물체의 색이란 어떠한 것일까요?

'바다는 무슨 색인가요?'라는 질문에 누구나 '파란색'이라고 대답합니다. 하지만 모두가 파란색이라고 말해도 그 색조는 제각각일 것입니다. 보고 있는 바다가 다르다면 같은 파란색을 가리킨다고 하기 어렵습니다. 또 같은 바다라고 하더라도 시간이나 계절에 따라 그 색은 달라집니다. 그렇다면 저와 여러분이 같은 시각에 같은 바다를 보고 있다면, 두 사람이 말하는 바다의 파란색은 같은 색이라고 할 수 있을까요? 저는 '깊은 파란색', 여러분은 '짙은 남색'이라고 대답했다면 이 둘은 같은 파란색일까요?

애초에 사람의 눈이 카메라 렌즈처럼 외부 세계를 그대로 충실하게 비쳐 주는 거울과 같다고 할 수 있을까요? 항상 그렇지는 않습니다. 앞에서 말한 것처럼 빛이 없다면 색도 존재하지 않습니다. 그렇다면 객관적인 색의 존재마저 의심스럽다고 할 수밖에 없지 않을까요?

데카르트의 색

색은 정신의 작용으로 구성된다

감각은 우리를 배신한다!

어두운 밤길에 귀신인 줄 알았는데, 그냥 억새 그림자잖아….

르네 데카르트(1596~1650)
프랑스 철학자. 35쪽 참고.

감각을 믿지 말라

확실한 인식을 찾는 사고 실험인 방법적 회의(35쪽)의 과정에서 데카르트가 의심스러운 존재로 가장 먼저 배제한 것은 우리 인간의 감각이었다. 감각은 우리를 종종 속이고 착각을 일으킨다. 하지만 데카르트가 감각을 문제시한 이유는 그뿐만이 아니다.

두 가지 색으로 인쇄된 책

이 책처럼 두 가지 색으로만 인쇄된 책에서 검은색으로 그려진 바나나 그림을 보고도 우리는 자연스럽게 노란 바나나로 인식한다.

과거의 기억 속에 존재하는 색을 떠올리며 바라본다

데카르트에 따르면 인간은 현재 자신이 지각하고 있는 색을 대상의 색과 같다고 처음부터 믿는 경향이 있다. 이는 인간이 어떤 색을 지각했을 때 대부분 과거에 본 적이 있는 색에 빗대어 인식하려는 습성이 있기 때문이다.

데카르트는, 실제 우리가 보는 색은 정신 작용에 의해 구성된 것이라고 할 수 있는데, 우리는 이것을 보이는 대상 자체의 속성이라고 성급하게 결론을 내린다고 말했다.

SNS에 게시할 사진을 찍고 싶은 그대에게

아름답다고 생각하는 색을 다시 한번 의심해 보자.

괴테의 색

색은 빛과 어둠으로부터 태어난다

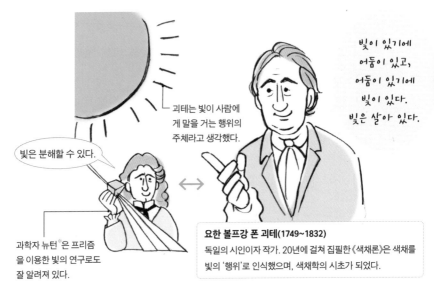

빛이 있기에 어둠이 있고, 어둠이 있기에 빛이 있다. 빛은 살아 있다.

괴테는 빛이 사람에게 말을 거는 행위의 주체라고 생각했다.

빛은 분해할 수 있다.

과학자 뉴턴*은 프리즘을 이용한 빛의 연구로도 잘 알려져 있다.

요한 볼프강 폰 괴테(1749~1832)
독일의 시인이자 작가. 20년에 걸쳐 집필한《색채론》은 색채를 빛의 '행위'로 인식했으며, 색채학의 시초가 되었다.

빛은 연구 대상이 아닌 능동적인 행위의 주체

문호 괴테에게는 자연 연구가의 면모도 있었다. 자연을 분석적으로 계량화하는 과학자를 비판한 괴테는, 자연 현상을 단순한 사물이 아니라 인간에게 말을 거는 살아 있는 행위의 주체로 보았다. 독창적 사색의 귀중한 성과인《색채론》에서 괴테는 "모든 자연은 색채를 통하여 눈이라는 감각에 자기를 계시한다"라고 서술했다.

밝게 빛나니까 노란색

푸르스름하게 빛나니까 파란색

어둠 속에서 탄생한 파란색

괴테는 색채를 광학 현상으로서만 다룬 뉴턴에 대해 매우 비판적이었다. 괴테가 보기에 뉴턴은 빛만 고려했다. 그러나 괴테는 색채가 빛과 빛이 되지 못한 것, 즉 빛과 어둠 속에서 탄생한다고 생각했다. 생성의 관점을 중시한 괴테에 따르면 노란색은 빛에서, 파란색은 어둠에서 만들어진다. 어둠 또한 색인 것이다.

인기 있는 사람이 되고 싶은 그대에게

빛만으로 색은 태어나지 않는다. 그늘에 있는 존재도 소중하다.

 아이작 뉴턴(1642~1727)은 영국의 자연철학자이자 수학자이다. 만유인력의 법칙을 발견했다.

사피어 · 워프의 색

색의 인식은 언어에 의해 좌우된다

세계는
언어로
지각된다.

에드워드 사피어(1884~1939),
벤저민 워프(1897~1941)
모두 미국의 언어학자다. 언어의 구조가 인간
의 세계 인식에 영향을 준다는 '사피어 · 워프
의 가설'을 제창했다.

워프

사피어

언어가 지각을 규정한다

모국어로 사용하는 언어가 인간의 감각과 지각의 작용을 좌우한다는 사실을 밝혀낸 이들이 언어학자인
에드워드 사피어와 벤저민 워프다.

우리는 무지개의 색을 물으면 빨주노초파남보 일곱 가지 색으로 대답한다. 그러나 어떤 문화권에서는 무
지개의 색을 서른 가지의 색으로 말하기도 한다. 우리가 무지개의 색을 일곱 가지 색으로 대답한 것은 우리
가 일곱 색깔 무지개에 해당하는 언어를 통해 지속적으로 학습했음을 의미한다.

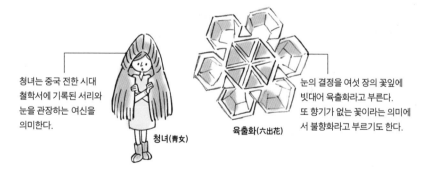

청녀는 중국 전한 시대
철학서에 기록된 서리와
눈을 관장하는 여신을
의미한다.

청녀(靑女)

육출화(六出花)

눈의 결정을 여섯 장의 꽃잎에
빗대어 육출화라고 부른다.
또 향기가 없는 꽃이라는 의미에
서 불향화라고 부르기도 한다.

과연 언어로 현실 세계를 전부 파악할 수 있을까

이처럼 지각이나 사고, 인지라는 인간의 기능은 모국어에 많은 영향을 받는
다. 눈을 가리키는 단어만 보아도 그렇다. 눈이 많이 오는 추운 지역의 사람들
에게는 친숙한 청녀, 육출화라는 단어가 따뜻한 지역의 사람들에게는 낯설다.

이직한 회사의 문화
에 적응하지 못하는
그대에게

언어를 통해 그 세계의
규칙을 파악하자.

언어란 무엇일까?

저 상자는 더 이상 바나나를 얻을 때 사용하는 받침대가 아니구나.

언어(심볼)는 넓은 의미로 기호의 한 종류입니다. 그리고 기호는 일반적으로 어떤 대상을 가리키기 위해 사용되는 대리 표현이라고 정의합니다.

기호를 다루는 생명체는 인간만이 아닙니다. 침팬지 등 유인원은 천장에 매달린 바나나를 얻는 데 상자를 받침대로 사용할 수 있다는 연구 결과가 있습니다. 유인원에게는 상자=받침대라는 기호화가 가능한 것입니다.

그러나 같은 실험에서 상자 위에 다른 물건을 올려놓으면 유인원은 더 이상 상자를 받침대로 인식하지 못하게 됩니다. 상자 위 물건을 치우면 받침대가 된다는 생각을 못 하는 것입니다. 또 유인원은 같은 상자를 의자나 바구니 등 다양한 용도로 활용할 수 있는 사실을 떠올릴 수 없습니다. 여기에 무언가의 대리물로서 기능하는 기호(시그널)와, 거듭되는 기호(시그널) 즉 무언가의 대리의 대리…로서 기능하는 언어(심볼)의 결정적인 차이가 있다고 생각할 수 있을 것 같습니다.

이중 또는 그 이상의 의미를 내포할 수 있는 기호(시그널)가 바로 언어(심볼)입니다.

로크의 언어

경험의 축적으로 발생한 관념들을 정리한다

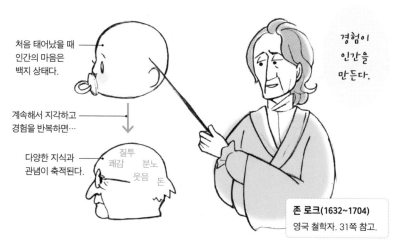

처음 태어났을 때 인간의 마음은 백지 상태다.

계속해서 지각하고 경험을 반복하면…

다양한 지식과 관념이 축적된다.

질투 쾌감 분노 웃음 돈

경험이 인간을 만든다.

존 로크(1632~1704)
영국 철학자. 31쪽 참고.

인간은 백지 상태에서 경험을 쌓는다

로크는 영국 고유의 사상이라고 불리는 경험론의 창시자. 경험론에 의하면 인간은 타불라 라사(백지) 상태로 태어나며, 신체를 통해 경험을 축적하면서 모든 것을 학습한다. 여기에서 경험이란 감각을 통하여 외부 세계의 사물을 인식하는 과정을 의미한다.

단순 관념

새콤함 빨강 둥글다 과일

복합 관념

사과

언어는 관념 복합체의 총칭

로크는 경험으로부터 인식한 내용을 '관념'이라고 부르고, 이를 '단순 관념'과 '복합 관념'으로 구별했다. 단순 관념은 어떤 대상의 색이나 향기, 맛, 모양 등을 의미한다. 이러한 단순 관념이 합쳐져 사과 등의 복합 관념을 얻을 수 있다. 나아가 같은 종류의 복합 관념 경험이 증가하면 그것들을 총칭해야 할 필요가 있다. 이렇게 복수의 복합 관념을 한데 모아 분류하는 것이 바로 '언어'다.

어휘력이 부족하여 고민인 아들에게

경험을 많이 쌓아 복합 관념을 가꾸어 나가자.

소쉬르의 언어

인식은 언어의 영향을 받는다

인간은 언어로
이루어져 있다.

페르디낭 드 소쉬르(1857~1913)
스위스의 언어학자. 랑그(langue)와 파롤(parole) 개념뿐만 아니라, 시니피에(signifié)*와 시니피앙(signifiant)** 등에 착목하여 현대사상의 구조주의 분야에 영향을 주었다.

우리의 세계 인식은 언어를 바탕으로 성립된다

소쉬르는 과거부터 이어져 내려온 언어에 대한 몇 가지 신념을 쇄신했다. 그중 한 가지 공적이 인간의 세계 인식이 언어를 바탕으로 성립된다는 언어관을 널리 보급했다는 점이다.

그때까지 언어는 사물의 이름이라고 생각한 언어 명칭 목록관***이 지배적이었다. 그 예가 성서 서두에 등장하는 아담이 신이 창조한 생명체에 이름을 붙이는 장면이다. 하지만 '사피어·워프의 색'(51쪽)에서 언급한 것처럼, 색이나 무지개를 표현하는 언어의 어휘에 대응하여 무지개 색이 결정되므로 이는 성립하지 않는다.

랑그란 어휘나 문법 등의 체계를 의미한다.

파롤이란 개인의 대화 등 랑그를 활용한 행위를 가리킨다.

Thank you!

안녕하세요.

한글이나 영어, 프랑스어 등 다양한 랑그가 존재한다.

화자가 말하는 구체적인 파롤이 있기에 랑그가 구체화된다.

화자

언어가 세계를 만든다

소쉬르는 언어가 세계를 있는 그대로 반영하는 표상이 아니며, 반대로 언어에 의해 우리의 지각이나 인식이 규정된다고 생각했다. 소쉬르는 '언어가 세계를 만든다'라는 현상을 엄격하게 사고하고자 노력했고 언어를 분석하기 위한 다양한 전문 용어를 고안했다. 그 성과 중 하나가 랑그와 파롤의 구분이다. 일상 생활에서 모국어로 사용하는 언어(랑그)는 넓은 의미에서 기호의 일부이며 일상언어로서의 랑그를 구체적인 상황에서 실체화한 표현을 파롤이라 한다.

> 외국인 친구를 이해하고 싶은 그대에게
>
> 그 나라의 언어를 배우는 것부터 시작하라.

* 시니피에는 개념이나 이미지 등 기호 내용을 가리킨다.
** 시니피앙은 음성이나 문자 등 기호 표현을 가리킨다.

비트겐슈타인의 언어

대화 속에서 의미가 결정된다

A : 꽤 어려워 보이는 책이네.
B : 응, 그럭저럭.

A : 꽤 모았구나.
C : 응, 그럭저럭.

언어가 가리키는 의미는 언어 게임, 즉 대화에 따라 달라진다.

루트비히 비트겐슈타인(1889~1951)
오스트리아 철학자. 46쪽 참고.

언어의 의미는 대화의 수만큼 존재한다

후기의 비트겐슈타인은 언어 게임이라는 개념을 활용하여 새로운 언어관을 제시했다. 그는 언어의 의미가 사전에 정해지는 것이 아니라 대화(언어 게임)에서 그때그때 사용된 결과에 의해 확정된다고 말했다. 또한 대화에서 확정된 의미는 어디까지나 그 언어 게임 안에서만 통용될 뿐이다. 따라서 언어의 의미는 대화의 수만큼 존재하는 셈이다.

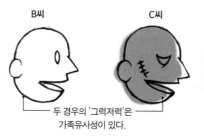

응, 그럭저럭
(꽤 열심히 읽었지).

응, 그럭저럭
(꽤 열심히 모았지).

두 경우의 '그럭저럭'은
가족유사성이 있다.

언어는 왠지 모르게 닮았다

사전에는 확정된 단어의 뜻이 실려 있다. 하지만 비트겐슈타인은 언어의 의미가 언어 게임 안에서 그때그때 결정된다고 생각했다. 그렇다면 사전 속 단어의 뜻은 어떻게 정해진 것일까? 이 질문의 힌트는 후기의 비트겐슈타인이 제시한 '가족유사성'이라는 개념에 있다. 부모와 자식, 형제는 어딘가 닮았지만 공통된 법칙이 있는 것은 아니다. 비트겐슈타인은 이처럼 가족끼리 어딘지 모르게 닮은 모습을 언어 게임에서 정해지는 그때그때의 의미 관계에서도 확인할 수 있다고 생각했다.

> 말주변을 키우고 싶은 친구에게
>
> 언어의 의미는 상황에 따라 변하기 때문에 주의해야 한다!

＊＊＊ 언어 명칭 목록관이란 세계는 다양한 사물의 집합체이며, 그 사물들에 사후적으로 일대일 대응으로 부여한 명칭이 언어라는 발상이다. 일본 학자가 소쉬르 이론을 평가하면서 만든 이 개념은 소쉬르 연구사에서 공인받은 개념이라고 보기는 어렵다. 우리는 이를 우리에게 알려진 '대응설'로 보는 것이 적합하다.-감수자

자기 발견의 철학사

다른 누구와도 다르며 이 세상에 유일하게 존재하는 나. 나라는 존재를 철학적 주제로 삼은 시기는 약 19세기 이후로, 당시 유럽의 주변국에 불과하던 덴마크에서 시작되었습니다. 덴마크 철학자 키르케고르(72쪽)가 지금 이 순간, 이곳에 살아 있는 자신을 '실존'이라고 부르면서 나에 대한 탐구를 한 것이 시초입니다.

키르케고르는 다음과 같이 말했습니다. "언제, 어디에서, 누구에게나 적용할 수 있는 진리 따위는 상관없다. 그를 위해 살고, 그를 위해 죽어도 괜찮다고 생각할 수 있는, 자기 자신에게 유일한 진리를 발견하는 것이 중요하다." 이 말은 자신만을 위한 철학이 중요하다는 의미를 담고 있습니다. 키르케고르는 살아 있는 동안 덴마크 바깥에서는 무명이었으나, 독일인 목사 슈렘프(1860~1944)가 그의 사상에 매료되어 독일어로 전집을 간행하면서 유럽에 이름을 알렸습니다.

제1차 세계 대전의 패전 이후 초토화된 독일에서 키르케고르 사상에 입각해 개인의 신념을 중시하는 실존철학을 완성한 사람이 정신의학자 야스퍼스(1883~1969)입니다. 나라는 실존은 오직 한 명밖에 존재하지 않습니다. 야스퍼스는 이를 '단독자'라고 표현했습니다. 하지만 우리는 단독자를 의식하지는 않습니다. 전쟁이나 죽음이라는 '한계 상황'에 놓였을 때 비로소 자신이 단독자라는 사실을 자각할 수밖에 없으며, 나아가 그런 자신을 지지해 주는 타자와의 교류를 진지하게 찾게 된다는 것입니다.

제2차 세계 대전 후 프랑스의 사르트르(28쪽)가 개입한 실존철학은 무신론적 실존주의로, 전 세계로 퍼져 나가 엄청난 반향을 불러일으켰습니다.

내가 가장 우선되어야 해.

출중한 외모에 성격도 좋았던 키르케고르

키르케고르보다 열 살 연하의 미녀 약혼자는 명문으로 유명한 올센가 출신이다.

나를 행복하게 해 주지 않는 거야?

명문가 출신 레기네

1841년 키르케고르는 일방적으로 약혼을 깨고 저작 활동에 몰두했다. 유명 커플의 파혼 소식은 덴마크 일대에 큰 소문 거리가 되었다.

독신으로 생을 마감한 키르케고르는 사후 저작권을 모두 레기네 앞으로 남겼다.

3장

인생을 생각한다

변하기 쉬운 정세와 앞이 보이지 않는 상황이 계속되는 현대 사회.
지금까지 철학자들이 발견해 온 인생에 얽힌 문제와
대답 들은 우리에게 무엇을 알려 줄까.

인생에 의미가 있을까?

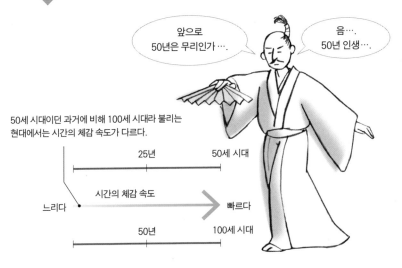

앞으로
50년은 무리인가….

음….
50년 인생….

50세 시대이던 과거에 비해 100세 시대라 불리는
현대에서는 시간의 체감 속도가 다르다.

25년　　　　50세 시대

시간의 체감 속도

느리다　　　　　　　　　　　　　　빠르다

50년　　　　100세 시대

"인간의 오십 년은 하천(下天)의 세월에 비하면
한낱 덧없는 꿈과 다르지 아니하니."

3

인생

과거에는 '50세 시대'라고 했습니다. 이 말은 옛날 사람들이 인간의 평균 수명을 50세로 여겼음을 보여줍니다.

오늘날은 어떤가요. 남녀 모두 평균 수명이 80세를 넘기고 있습니다. 하지만 젊었을 때처럼 건강하게 장수를 맞이할 수 있는 것은 아닙니다. 의료 기술이 발전해도 모든 질병을 완치할 수 있는 것은 아니며, 정확하게 말하면 성인병을 가진 반쯤 환자라고 할 수 있는 인구만 계속 증가하는 것이 현실입니다.

어렸을 때 1년은 끝없이 길게 느껴졌을 것입니다. 하지만 해가 지나고 나이가 들어감에 따라 시간이 흐르는 속도는 점점 빠르게만 느껴집니다.

그런 한편 질병이나 부상, 자연재해, 사고 등으로 우리의 인생이 언제 끝날지는 누구도 알지 못합니다. 인생의 전체를 전망하기 어려운 상태에서 인생에 관한 물음과 어떻게 마주하면 좋을까요?

예수 그리스도의 인생

인생은 신에 의해 결정된다

모든 것은
신의 뜻이다.

우리의 인생도
모두 신에 의해 결정되고 있다.

신

예수 그리스도(기원전 4~기원후 30)
유대교를 혁신하고 설교와 기적을 통해 많은 신도를 모으며 구세주라고 불렸지만, 사람들의 마음을 현혹했다는 이유로 로마 제국 유대인 지방의 제5대 총독 본디오 빌라도에 의해 십자가형에 처해졌다.

〈연표〉
기원전 4년　0세, 예수 그리스도가 탄생
기원후 10년 12세, 교사들과 성서에 관한 이야기를 주고받음
기원후 27년 30세, 요단강에서 요한에게 세례를 받고 선교 활동을 시작
기원후 30년 34세, '신의 아들'을 자칭한 죄로 십자가형을 받고 사망. 매장 후 사흘째 되는 날 부활하여 40일 후 승천

인생은 신에 의해 정해진다

서양에서 탄생하고 전개된 철학은 적지 않은 세월을 그리스도와 함께 보내 왔다. 그리스도교에서는 유일한 존재인 신에 의해 무(無)에서 세계가 창조되었다고 가르친다. 따라서 피조물(32쪽)인 우리의 존재 의식도 신에 의해 결정된다.

아니요,
그냥 낙하산에서
떨어졌을 뿐이에요.

우와, 드디어
천국이다!

인생의 의미는 천국으로의 초대

그리스도교는 신의 뜻에 따르는 삶을 살고 최후의 심판을 받아 천국에 가는 것이 인생의 의미라고 말한다. 이렇게 자신을 초월하는 존재를 의식함으로써 현실 생활을 다스리고 인생에 활기가 생긴다면, 그것도 의미가 있을지도 모른다.

때때로 우울해지는 그대에게

신이 정한 인생이기에 모든 일에는 의미가 있을 것이다.

니체의 인생

초월자(신)에게 의지하지 말고 현실을 받아들이라

신은 죽었는데….

초월자에게 매달리는 인생은 노예의 삶과 같다.

프리드리히 니체(1844~1900)
독일 철학자. 그리스도교의 신의 죽음을 선언하고 선악의 피안에 있는 '영원 회귀의 니힐리즘'을 주장했다. 주요 저서로 《비극의 탄생》, 《차라투스트라는 이렇게 말했다》 등이 있다.

초월자에게 의지하는 삶은 좋지 않다

니체는 그리스도교와 같은 초월적 가치에 기대는 삶의 방식을 근본적으로 부정했다. 니체에 따르면 그리스도교는 세속화된 플라톤주의다. 플라톤(27쪽)은 세상을 이해하기 위해서는 개별 사물의 이데아(6쪽)로서의 진리를 인식해야 한다고 주장했다. 니체는 이런 이데아를 종교에서 다룬 것이 그리스도교의 신이라고 갈파했다.

괴롭힘

질병

눈물

신이 없는 세계를 당차게 살아가는 '초인'이 되자.

인생에 필요한 것은 현실을 받아들이는 강인함이다

니체는 힘들고 고통스러운 현실을 있는 그대로 받아들일 수 있는 강인함이 인생에서 필요하다고 생각했으며, 회피하는 태도를 약자의 사상이라고 비판했다. 그리스도교는 약자를 위한 '동정의 종교'이며 강자를 향한 원한(르상티망)의 종교라고 말했다.

> **괴로운 일을 겪은 동료에게**
>
> 초월자에게 의지하는 것은 옳지 않다. 현실을 마주하고 받아들여야 한다.

토머스 네이글의 인생

이율배반, 많이 고민하라

고민하는 것만으로도 의미가 있다.

인생이란 무엇인가? 이를 고민하는 것이 인간이다.

토머스 네이글(1937~)
미국 철학자. 인생론을 전개한 저서 《박쥐가 된다는 것은 무엇인가?》로 잘 알려졌다. 심리철학, 정치철학, 윤리학 분야에 정통하다.

물음이야말로 인간이 인간다운 이유다

현대 미국을 대표하는 철학자 네이글은 우리는 자신의 인생에 의미가 있다고 단언할 수 없다고 생각했다. 결국 '인생에 의미가 있을까' 하고 자문하게 된다. 그러나 네이글은 이런 우유부단함이야말로 인간의 인간다움이라고 말한다. 이는 어떤 의미일까?

인생은 멋진 거야.

인생에 의미는 없어.

서로 모순되어 양립할 수 없는 관계를 이율배반이라고 한다.

이율배반이야말로 인생이다

인생에 의미가 있을까 하고 물으면 인생에 의미가 있으면 좋겠다고 생각할 것이다. 그렇다고 인생에 의미는 없을지도 모른다는 의심이 사라지지 않는다. 이 같은 이율배반이야말로 좋은 의미에서든 나쁜 의미에서든 자의식을 가진 인간이라는 생명체에게만 존재하는, 다른 생명체에서는 찾아볼 수 없는 특이성이라고 네이글은 생각했다.

> **인생에 의미를 느끼지 못하는 딸에게**
>
> 그런 고민을 하는 것만으로도 행복한 것이란다. 인생은 이렇게 이율배반적이다.

061

행복이란 무엇일까?

돈

현실에는 없는 것을 추구한다.

사랑

현실은 못 본 척.

'잘생긴 사람과 결혼해서 부자가 된 다음에…'
이렇게 헛된 상상을 하기보다는 있는 그대로의 현실을 받아들이는 게 어떨까?

행복하고 싶다고 생각하지 않는 사람은 없습니다. 하지만 무엇을 행복이라고 생각하는지는 사람마다 다릅니다. '행복이란 무엇일까?'라는 물음은 너무 막연하기만 합니다. 따라서 이번에도 질문의 차원을 바꿔 보도록 하겠습니다. 이 물음은 자신이 생각하는 행복을 어떻게 실현할 것인가로 바꾸어 쓸 수 있습니다.

하지만 여기에도 문제는 있습니다. 즉 행복은 실현해야만 하고 원하고 희망하는 무언가를 떠올려야 한다는 데에 함정이 존재한다고 현대 프랑스 철학자 앙드레 콩트스퐁빌*은 주장했습니다.

그는 '희망하다'라는 것은 '지금 여기에 없는 것'을 추구하는 태도라고 말합니다. 지금 여기에 없는 것에 가치를 두는 것은 지금 내가 있는 현실에서 시선을 돌린다는 의미입니다. 즉 현실은 부정해야 할 것에 불과한 것입니다. 앙드레 콩트스퐁빌은, 이런 유약함으로부터 도망치지 않고 있는 그대로의 현실을 받아들이고 이를 긍정하는 강인함을 갖추는 것이 중요하다고 강조합니다.

* 앙드레 콩트스퐁빌(1952~)은 모럴리스트의 계보를 잇는 현대 프랑스 철학가이다. 인간이 살아가기 위한 철학을 추구해 많은 공감을 얻었다.

아리스토텔레스의 행복

활동에 행복이 있다

건축주의 목적이 집의 완성이라면,
집을 짓는 행위는 행복이 아니다.

행위의 결과가
목적이라면,
그 행위에 종사하는
것은 불행하다.

아리스토텔레스(기원전 384~기원전 322)

고대 그리스 철학자. 플라톤의 제자로, 세상을 떠난 스승의 뒤를 이어 42세에 알렉산드로스 대왕의 가정교사가 되었다. 7년 후 아테네로 돌아와 51세에 철학학교인 리케이온을 세웠다.

활동과 행위는 다르다

아리스토텔레스는《니코마코스 윤리학》에서 행동 자체에 목적이 내재된 '활동'과 목적이 행동의 외부에 존재하는 '행위'를 구별했다. 이것이 행복과 어떤 연관이 있는지 알기 위해 아리스토텔레스는 먼저 두 가지 차이점을 설명했다.

예를 들어 집을 지을 때 목적은 건축 과정이 아니라 행위의 결과로 완성되는 집이다. 즉 행위의 목적이 집을 짓는다는 행동의 외부에 존재한다. 그렇기에 집을 짓는다는 것을 활동이 아니라 행위로 정의한다.

행위 자체에
목적을 두는 활동에
종사할 수 있다면
행복하다.

그림 작품의 감상은
활동이기에 그 안에
행복이 존재한다.

활동에 행복이 있다

미술관에서 그림을 감상할 때 중요한 것은 감상이라는 행위 자체이다. 감상이라는 지속적인 행위 자체가 목적이라고 말해도 좋을 것이다. 즉 미술 작품 감상은 활동이라고 할 수 있다.

이처럼 활동과 행위는 목적이 어디에 있느냐에 따라 나뉜다. 아리스토텔레스는 행위보다 활동을 높게 평가했다. 아리스토텔레스는 활동에 종사하는 것이야말로 행복이라고 부를 만한 가치가 있다고 생각했으며, 이러한 상태를 행복(에우다이모니아)이라고 불렀다.

행복을 찾아 헤매는
친구에게

행위 자체가 목적이 되는 활동을 한다면 행복해질 거야.

벤담의 행복

모두가 행복할 수 없다면 다수결에 따른다

먹고
또 먹었어.

만족!

쾌락을 추구하는 행위는 선이며, 고통으로 연결되는 행위는 악이다. 식욕은 선이지만 과식은 악이다.

최대 다수의
최대 행복

제러미 벤담(1748~1832)
영국의 철학자이자 공리주의의 창시자. 쾌락을 긍정했으며 당시 금지되던 동성애를 옹호했다. 또한 매춘이나 낙태 등 '피해자 없는 범죄'는 범죄로 간주하지 않았다.

쾌락과 행복이야말로 선

무엇을 행복이라고 생각하는지는 사람에 따라 다르지만, 누구나 특정 집단 안에서 생활하는 이상 어느 정도 가치관이 공유된다는 점이 그 답이 될 것이다. 공리주의*의 대표자 벤담은 어떤 집단 안에서 최대한 많은 구성원이 공통되게 행복이라고 생각하는 사항이 최선이라고 했다.

벤담은 공통 선의 전형으로서 행복과 쾌락을 중시하고 더 많은 인원에게 더 많은 쾌락이 공급되는 것을 목표로 하는 '최대 다수의 최대 행복'이라는 원칙을 제안했다.

불행한 사람들

행복한 사람들

소수의 희생은
불가피하다.

많은 사람이 행복해지는
것이 중요하다.

다수결의 행복

사람들 사이에는 이미 많은 이해가 충돌하고 있어 모두가 행복해질 수는 없다. 이에 벤담은 설사 소수가 희생하더라도 더 많은 사람이 행복해지는 경우를 중시했다. 다수결 원리와 마찬가지로 '최대 다수의 최대 행복'으로는 모두가 똑같이 만족할 수는 없다. 그러나 벤담은 이 원리야말로 사회 정책의 기본이 되어야 한다고 주장했다.

> **결정에 좋기는 경영자에게**
>
> 모두의 행복은 어렵다. 많은 직원을 위하여 약간의 희생은 어쩔 수 없다.

* 공리주의란 사회에서 제도나 행위의 의의는 그 결과로 나타나는 효용에 의해 결정된다고 생각하는 입장이다.

알랭의 행복

행복을 목표로 행동하자

이성으로 행복해진다.

활동을 통해 행복해진다.

행복은 신의 곁에 있다.

알랭

러셀

힐티

좋은 기분을 이성으로 유지할 것

카를 힐티**의 《행복론》(1891), 알랭의 《행복론》(1925), 버트런드 러셀***의 《행복론》(1930)을 묶어 3대 행복론이라고 부른다. 독실한 그리스도교 신자인 힐티는 행복을 신과 가까워지는 과정에서 얻을 수 있는 자기 성찰적인 것이라고 생각했지만, 러셀은 반대로 현실 사회에서 능동적으로 살아가는 데에서 행복을 찾을 수 있다고 보았다. 알랭은 신체를 바르게 하고 모든 것에 이성을 동원해 좋은 기분을 유지하는 것이 중요하다고 설명했다.

결과로서 웃는 것이 아니라 그냥 한번 웃어 보자.

웃으면 복이 온다.

알랭(1868~1951)
프랑스 철학자. 본명은 에밀 오귀스트 샤르티에. 리세(고등중학교)의 철학 교사였지만 제1차 세계 대전이 발발하자 자원하여 종군하는 등 사색에만 몰두하지는 않았다.

웃으니까 행복한 것이다

알랭의 《행복론》은 행복해지기 위한 방법을 다루는 책은 아니다. 하지만 "행복하기 때문에 웃는 것이 아니다. 웃으니까 행복한 것이다"라는 문장에서 볼 수 있듯, 관념적인 정신론이 아니라 구체적인 행동을 통해 자연스럽게 얻을 수 있는 일상의 마음가짐을 중요하게 생각했다.

요즘 운이 없다고 느낀다면

일단 웃어 보자. 행복은 <u>스스로</u> 행동하여 쟁취하는 것이다.

** 카를 힐티(1833~1909)는 스위스의 정치가이자 법학자, 문필가이다. 한결같이 성서를 중시하고 금욕적인 생활을 실천했다.
*** 러셀(1872~1970)은 영국의 철학자이자 심리학자, 수학자이며 정치 활동가로도 알려져 있다. 러셀은 비트겐슈타인의 재능을 일찍이 알아차리고 《논리 철학 논고》 출간에 힘썼다. 자신이 발견한 '러셀의 역설'을 해설하기 위해 '계형 이론'을 고안했다.

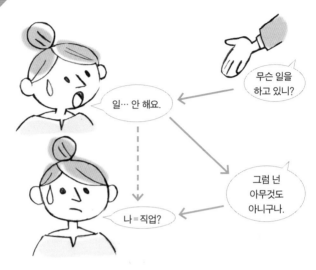

인생에 대하여 | 왜 일을 해야 할까?

무슨 일을
하고 있니?

일… 안 해요.

그럼 넌
아무것도
아니구나.

나 = 직업?

직업으로 인간성까지 결정되는 거야?

누구나 일을 하는 이유는 살기 위해서라는 대전제를 가지고 있겠지요. 하지만 정말 우리는 살기 위해서만 일을 하는 것일까요?

노르웨이의 철학자 라르스 스벤센*은 《노동이란 무엇인가》에서, 단순히 월급을 받고 세금을 납부하는 외부 세계와의 관계 이상으로, 자신의 내면과 관계를 맺는 일이 점점 더 중요해지고 있다고 지적했습니다.

예를 들어 누군가를 처음 만나 주고받는 질문은 아마 '어떤 일을 하고 계신가요?'일 것입니다. '나는 어떤 사람인가'라는 실존에 관련된 어려운 문제에 대한 답은 '무슨 일을 하는가'라는 질문의 답에 의해 좌우되는 것입니다. 직업과 사람의 인간성이 아예 관계없다고 할 수는 없지만, 등호(＝) 또한 성립하지 않습니다.

그렇기에 현대 사회에서 일에 대한 질문이나 일과 삶의 균형을 어떻게 유지할 것인가에 대한 질문은 점점 어려운 문제가 되고 있습니다.

* 라르스 스벤센(1970~)은 노르웨이의 저술가이자 철학자이다. 개인이 삶과 밀접하게 관련된 주제들에 대하여 철학적으로 분석한 책을 여러 권 썼다.

로크의 일

일은 인간에게 개성과 인권을 부여한다

노동은 소유권의 기원이다.

존 로크(1632~1704)
영국 철학자. 31쪽 참고.

땀 흘려 움직인 것은 바로 나의 신체!
그러니까 혜택은 내 것이다!

노동이야말로 소유권의 기원이다

로크는 《통치론》에서 소유권의 기원을 노동이라는 신체 활동과 결부시켰다.

신이 창조한 세계에서 자연의 혜택은 모든 사람에게 공통적으로 주어진다. 자연은 공유 재산이므로 누구도 소유권을 주장할 수 없다. 그러나 우리는 각자 자신만의 신체를 가지고 있다. 신체를 사용한 노동은 인간 고유의 행위이다. 그렇기에 로크는 노동에 의한 산물은 개인의 소유물이 되어야 한다고 생각했다.

노동의 장이 되는 토지도

열심히 일한 성과도

내 것이다!

노동의 산물, 노동의 장이 되는 토지, 모두 소유해도 된다!

인간은 일을 해야만 인간이 된다

로크에 따르면 인간은 일을 해야만 신의 피조물(32쪽)이라는 지위에서 벗어날 수 있다. 노동은 인간에게 개성과 인격과 같은 주체성을 부여한다. 또한 로크는 노동의 산물뿐 아니라 노동의 장이 되는 토지 또한 소유의 대상이 된다고 생각했다. 이런 로크의 주장은 자본주의 사회에서 노동 윤리의 기초가 되었다.

취업을 준비하는 그대에게

일을 함으로써 주체성을 갖게 된다.

한나 아렌트의 일

노동은 생존을 위한 활동이며, 작업은 그를 뛰어넘는 활동이다

 노동 생존을 위한 활동

 작업 생물적 필연성을 뛰어넘는 활동

행위 집단생활을 하는 인간 사이에 이루어지는 활동

인간 활동의 세 종류

아렌트는 《인간의 조건》에서 인간의 활동을 '노동', '작업', '행위'로 구분했다.

노동은 생명체인 인간에게 생존을 위한 필수 불가결한 활동이다. 그런 생물적 필연성을 뛰어넘는 활동이 작업이며, 예술 창작을 예로 들 수 있다. 행위는 집단생활을 하는 인간 사이에 이루어지는 활동이다. 노동과 작업은 개인적으로도 가능하지만 행위는 집단 활동이 전제되는데, 정치 활동이 그 예다.

필요에 의해 하는 것이 노동이다.

한나 아렌트(1906~1975)
독일 태생의 유대인 철학사상가. 독일에서 나치즘이 대두되자 미국으로 망명했다. 본인의 경험을 바탕으로 《전체주의의 기원》을 저술했으며, 나치에 협력한 하이데거와 연인 관계로 유명하다.

노동만이 증가한다

아렌트에 따르면 우리는 살아가기 위해서 일을 하기 때문에 필연적으로 노동 시간이 늘어날 수밖에 없다. 이에 반해 작업과 행위는 점점 줄어들게 된다. 이러한 상황이라면 노동은 우리에게서 자유를 빼앗아 간다고 할 수 있다.

일에 보람을 느끼지 못하는 남편에게

생존을 위한 활동이라고 생각하자.

푸코의 일

일은 인간이라는 존재의 전제다

일하지 않는 자가 벌을 받는 시대가 되었다니….

사람의 가치관은 시대에 따라 다르다.

미셸 푸코(1926~1984)
프랑스 철학자. 25쪽 참고.

게으른 자는 벌을 받는다

16세기 영국에서는 처음으로 구빈법이 제정되어 질병으로 일하지 못하는 사람들에게 먹을거리와 입을 것을 제공했다. 그리고 건강하지만 게을러서 일하지 않는 사람들에게는 채찍질형이 내려졌는데, 부랑자나 실업자 같은 사람들이 처벌 대상이 되었다.

푸코는 《광기의 역사》에서 중세 시대의 최대 악덕은 탐욕이었으나, 17세기에는 나태함으로 대체되었다고 지적했다.

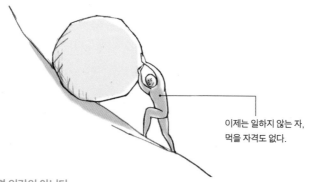

이제는 일하지 않는 자, 먹을 자격도 없다.

일하지 않으면 인간이 아니다

산업혁명 이후 노동이 부족한 사람은 사회적 존재 의의가 결여된 것으로 간주했으며, 이런 사회 부적합자를 강제적으로 노동시키는 교정원도 세워졌다.

이렇듯 일한다는 것에 가치를 둔 인간관이 자본주의 경제의 확립과 더불어 사회 전체에 스며들었다. 노동을 인간 존재의 전제로 생각하는 시대는 지금까지 이어지고 있다. 물론 앞으로는 바뀔지도 모르지만 말이다.

> **일하고 싶지 않은 자에게**
>
> 일을 해야 인간일 수 있다. 오늘날 일은 인간이라는 존재의 전제다.

살아가는 기쁨이란 무엇일까?

장소를 가리지 않고
애정 행각을 하는 커플

프로이트

도대체 인간이란….
본능이 무너졌기 때문에 때와 장소를 분별하지 못한다.

동물은 살아 있는 이상 본능에서 비롯되는 여러 욕망에 사로잡힙니다. 본능이 충족되면 '쾌감'을 느끼고, 저지당하면 불쾌감을 느낍니다. 어떻게 보면 즉물적으로 보이는 이 메커니즘은 인간에게도 비슷하게 나타납니다. 이런 쾌감이야말로 사람이 살아 있는 동안 느낄 수 있는 기쁨인 것이지요.

그러나 정신분석학을 창시한 프로이트(42쪽)에 따르면 세상에 존재하는 무수한 생명체 가운데 오직 인간에게만 본능에서 비롯되는 욕망 에너지와 욕망을 충족시키는 형식 사이에 괴리가 확인된다고 합니다.

대부분의 생물은 발정기에만 교미를 합니다. 이는 종족 보존의 본능이 만들어 낸 행위인데, 그에 비해 인간의 성적 행동은 때와 장소를 가리지 않습니다. 충족에는 유형이나 정도가 없습니다.

그렇다면 이러한 본능과는 거리가 먼 인간의 삶은 그만큼 무한한 즐거움과 기쁨 등 쾌락으로 가득한 것일까요?

쇼펜하우어의 쾌락

예술이 바로 쾌락이며 평온함이다

성욕, 식욕, 물욕…. 생명의 충동에 농락당하는 인생은 괴롭다.

인생은 고통으로 가득 차 있다!

인간의 의지, 그것은 살고자 하는 충동

쇼펜하우어는 생명체로서 인간의 본질은 살고자 하는 무의식적인 본능, 즉 생명적 충동이라고 생각했다. 그는 이것을 '의지'라고 했다. 따라서 쇼펜하우어의 의지는 인간의 개인적인 의지와 전혀 다르다. 이는 인간이라는 생명체의 근저에서 움직이는 맹목적인 충동이다.

> **아르투르 쇼펜하우어(1788~1860)**
> 독일 철학자. 맹목적인 의지에 떠밀려 살아가는 인생은 고통으로 가득하다고 말하며, 예술을 통한 구제를 지향했다. 주요 저서로 《의지와 표상으로서의 세계》 등이 있다.

쇼펜하우어는 예술 가운데 음악이 가장 고차원이라고 생각했다.

예술에는 평온함이 있다

의지는 원래 어떠한 즐거움이나 기쁨과도 관계가 없다. 우리는 의지의 충동을 신체 행동으로 나타내고, 이해 또는 제어하려고 한다. 이런 표상 활동 속에서도 의지를 위로하고 잠깐의 살아가는 기쁨을 주는 행위로 쇼펜하우어는 '예술'을 높게 평가했다. 예술이야말로 우리 인간에게 쾌락이며 자그마한 평온이다.

> **살아가는 기쁨을 찾고 싶은 사람에게**
> 예술을 접해 보자. 특히 음악을 추천한다.

키르케고르의 쾌락

유일한 존재인 실존을 추구한다

인간은 단계를 밟아 가며 진정한 실존으로 거듭난다.

쇠렌 키르케고르(1813~1855)
덴마크의 사상가. 불안과 절망 속에서도 개인의 주체성이야말로 지고의 것이라고 생각하며 실존주의의 선구자가 되었다. 저서로 《죽음에 이르는 병》, 《인생길의 여러 단계》 등이 있다.

미적 단계
쾌락과 미를 추구한다.

윤리적 단계
안정된 자기를 유지한다.

종교적 단계
신과 마주한다.

단계적으로 살아가는 기쁨을 발견하다

키르케고르는 세계에서 유일하게 존재하는 자신을 '실존'이라고 불렀다. 하지만 어느 시대의 어딘가에서 살아가는 이상 자기만의 고유한 삶을 고집하는 것은 어려운 일이다. 여기에서 키르케고르는 실존에 이르는 길에 몇 가지 단계를 설정했다.

첫 번째는 미적 단계로 기분이 좋아지는 쾌락을 추구하는 심미적 삶의 방식이다. 다만 우리를 매혹하는 쾌락과 아름다움은 무궁무진하기 때문에, 자칫하면 끝없이 바라는 것이 목표가 되어 버리는 도착 상태에서 헤어나지 못하게 된다. 다음으로 외적인 목표를 좇으며 휘둘리는 것이 아니라 안정된 자기를 유지하려는 윤리적 삶의 방식인 윤리적 단계가 가능해진다. 나아가 키르케고르는 최종 단계는 종교적 단계라고 생각했다.

> **살아가는 기쁨을 찾고 싶은 그대에게**
>
> 이 세상에 오직 하나뿐인 자기 자신이 되자.

칙센트미하이의 쾌락

몰입을 경험하자

몰입을 경험하기 위해 지금 하고 있는 일에 집중하는 거야!

모든 것을 대상에 쏟는 것이 몰입 경험이다.

미하이 칙센트미하이(1934~)
헝가리 출신 미국 심리학자. 몰입 감각의 실마리는 선(禪)에서 얻을 수 있다고 생각했다. 저서로《몰입의 즐거움》등이 있다.

살아가는 기쁨을 실감하는 체험

마음의 메커니즘을 객관적으로 해명하기보다 어떻게 하면 충실한 인생을 보내고, 어떻게 하면 마음이 즐거워지는지를 탐구하는 심리학이 20세기 후반 미국에서 탄생했다. 그 대표가 칙센트미하이의 '몰입(flow)' 이론이다. 진심으로 열중할 수 있는 대상을 찾아 자신의 모든 심리적 에너지를 쏟아부으면 형용할 수 없는 쾌감을 얻을 수 있는데, 그 상태를 몰입이라고 한다.

다음 목표는 150미터 이상이야!

스포츠는 목표가 명확하며 통제할 수 있다. 따라서 스포츠에서는 쉽게 몰입을 경험할 수 있다.

공부나 업무에서도 몰입을 얻을 수 있다

몰입은 전형적으로 음악가나 운동 선수에게서 많이 나타나지만, 평범한 학생이나 직장인도 공부나 업무에 집중하면서 몰입을 느끼는 순간이 있다. 그때 자신의 내면에서 평소의 시간 감각이 사라지며 주위와 완전히 일체화된다. 또한 정신이 또렷해지고 분명해지면서 전혀 불안을 느끼지 않는, 그런 특별한 순간이 실현되는 것이다.

동아리 활동을 할지 말지 고민하는 친구에게

무언가에 열중하면 몰입(쾌감)을 경험할 수 있다.

죽음이란 무엇일까?

사후에 관하여 생각할 것은 아무것도 없다.
다만 죽은 사람과 주변의 사람들의 관계는 사후에도 남는다.

이치대로 말한다면 사람은 죽으면 어떻게 될까라는 질문에 고려해야 할 사항은
두 가지밖에 없습니다.

- 죽으면 모든 것을 잃어버린다.

- 죽은 후에도 존속하는 무언가가 있다.

전자는 죽음 이후에 아무것도 존재하지 않기 때문에, 죽음에 대하여 생각하
는 것 자체가 불가능하며 무의미합니다. 그리고 사후에 남는다고 여겨지는 무
언가와 살아 있는 우리가 접촉할 수 있는 수단이 없기 때문에, 후자 또한 죽음
에 대하여 생각할 수 있는 것은 아무것도 없습니다.

그렇다면 죽음은 개인적 차원에서 생각할 수 없는 것일까요? 다양한 발굴 조
사에 따르면 현생 인류의 뿌리라고 여겨지는 네안데르탈인이 죽은 사람을 매장
하기 시작한 시기는 지금으로부터 약 10만 년 전의 일입니다. 즉 아주 오래전부
터 죽음은 죽은 사람과 남겨진 주위 사람들의 관계와 관련된 일이었습니다. 매
장된 망자는 그 범위 안에서 여전히 우리의 주변에 존재하는 것입니다.

붓다의 죽음

죽음(윤회)의 고통에서 벗어나려면 집착을 버리고 해탈하라

불교의 목표는 윤회로부터의 해탈

기원전 10세기 이전부터 고대 인도에는 만물은 윤회·전생(轉生)한다는 믿음이 있었다. 당시 사람들은 윤회를 괴로운 삶을 또다시 반복해야 한다는 고통으로 생각했다. 그래서 윤회의 굴레로부터 해탈하기를 강하게 바랐다. 사람들의 그러한 소망에 응한 사상으로 불교가 등장했다.

고대 인도의 사람들은 모든 생명체가 방황과 고통의 세계에서 몇 번이고 생을 되풀이한다고 믿었다.

어머, 신기하네! 윤회가 사라졌어!

집착을 버려 보아라.

붓다(기원전 624경~ 기원전 544경)
불교의 창시자. 사캬의 왕자로 성은 고타마, 이름은 싯다르타. 29세에 출가하여 35세에 깨달음을 얻고, 붓다(진리를 깨달은 자)가 되었다. 갠지스강 유역에서 포교 활동을 했다.

집착을 버리면 고통에서 해방된다

붓다는 인간의 모든 고통이 무언가를 바라거나 두려워하는 우리의 마음, 즉 집착(갈애)에서 유래한다고 생각했다. 누군가를 좋아하기 때문에 이별이 괴로운 것이며, 죽음을 두려워하기 때문에 생에 집착한다고 했다.

그럼 애초에 집착해야 할 대상이 아무것도 존재하지 않는다면 어떻게 될까. 붓다는 집착을 버릴 수 있다면 현재 상황이 고통스럽다는 생각도, 다음 생으로의 윤회를 마다하는 생각도 사라질 것이라고 설명했다.

죽음이 두려운 사람에게

살고 싶다는 집착이 죽음에 대한 공포의 정체이다.

소크라테스의 죽음

죽음은 불행하지 않다

선생님! 죽지 마세요~!

죽음에 대하여 아무것도 알지 못하는데….

독이 든 잔

소크라테스(기원전 470경~기원전 399)
고대 그리스 철학자. 41쪽 참고.

나는 죽음에 대해 아무것도 알지 못한다

소크라테스는 이교(異敎)의 신을 숭배하여 젊은이들을 타락시켰다는 죄명으로 사형을 선고받았다. 사형 집행의 순간, 소크라테스의 주변에 가족과 친구 들이 모여 눈물을 삼키고 있었다. 소크라테스는 마지막으로 그들과 문답을 나눈 후 독이 든 잔을 들이켜 사망했다.

죽기 직전 소크라테스는 "그 누구도 사후를 모르기 때문에, 죽음을 두려워하는 것은 마치 현명하지 않은데 현명한 사람인 척하는 것과 같다. 나는 죽음에 대하여 아무것도 알지 못한다"라고 말했다. 아무것도 알지 못한다는 무지의 지 태도를 마지막까지 무너뜨리지 않은 것이다.

친구들

소크라테스

죽음은 마치 깊은 잠과 같다….

죽음은 꿈조차 꾸지 않고 깊이 잠든 밤과 같다

만약 죽음이 유물론자의 말처럼 허무로 돌아가는 모든 감각의 소실이라면 그것은 꿈 하나 꾸지 않고 숙면한 밤과 같이 행복한 것이다. 또한 죽음의 세계(하데스)가 있다면 그곳에서 호메로스나 헤시오도스*를 만나고, 신들과 함께 영원의 삶을 누릴 수 있다. 즉 소크라테스는 죽음이 절대 불행하지 않다고 말했다.

> **죽음이 두려운 사람에게**
>
> 사후의 일은 알 수 없기에 불안해하지 않아도 된다.

* 헤시오도스는 고대 그리스의 농민 서사시인으로 저서 《노동과 나날》에서는 노동의 신성함을 서술했다.-옮긴이

하이데거의 죽음

주체적으로 죽음과 마주하자

죽음의 불안에서 벗어나려고 술을 마시고, 돈을 쓰며 매일을 보낸다.

너는 일상인이다!

마르틴 하이데거(1889~1976)
독일 철학자, 43쪽 참고.

죽음의 불안을 외면하는 일상인

하이데거는 '나는 누구인가'라는 물음과 정면으로 마주하기를 회피하고, 다른 사람들을 따라 행동함으로써 불안을 외면하는 삶의 태도로 살아가는 사람들을 '일상인'(das man)이라고 했다.

이러한 비본래적 삶의 방식에서 탈피하여 본래적 자신으로 되돌아가려면 어떻게 해야 할까?

보인다… 나의 죽음이….

죽음을 의식하고 비로소 인간이 된다.

단 한 번뿐인 죽음과 마주하며 살아간다

하이데거는 본래의 자신과 마주하기 위한 계기로 죽음을 중요하게 생각했다. 자신의 죽음은 본인에게만 일어나는 일이지만 스스로 체험할 수 없다. 그런 의미에서 자신의 죽음을 '불가능성의 가능성'이라고 할 수 있다. 이처럼 하이데거는 죽음과 마주해야 본래적 자기의 모습을 발견할 수 있다고 생각했다.

> 죽음을 준비하려는 사람에게
>
> 죽음과 마주할 때 비로소 자신이 해야 할 일들을 떠올릴 수 있다.

운명론과 철학

'운명이란 무엇일까?' 이 물음에 대한 답은 시대와 함께 달라집니다. 그리스 비극에서 '운명'은 영웅이 모든 능력과 지력을 쏟아부어도 뛰어넘을 수 없는 장벽처럼 앞길을 가로막는 것이었습니다. 그 후 그리스도교가 보급되어 운명은 '자유'에 대항하는 개념이 되었습니다. 신이 만물을 창조했기 때문에 그저 피조물(32쪽) 중 하나에 지나지 않는 인간의 존재 의식은 오로지 신의 의지에 의해 주어지며, 인간 고유의 자유는 존재하지 않습니다. 물론 자신의 운명을 바꾸는 일조차 바랄 수도 없습니다. 이처럼 그리스도교 시대에는 신의 의지라는 숙명에 대항하여 인간에게 자유가 있을 수 있을까 하는 흐름이 생겨났습니다.

교부 아우구스티누스(19쪽)는 이렇게 생각했습니다. "인간은 무에서 태어났기에 무로 돌아가려는 근본적인 충동을 안고 있다. 인간이 악을 저지르는 것은 이러한 충동에 의한 것이다. 이에 굴하지 않고 우리 인간을 창조한 신에게 조금이라도 가까워지려고 하는 것, 그것이 신으로부터 주어진 자유 의지의 본래의 사용법이다."

르네상스 초기의 귀족 출신 철학자 피코 델라미란돌라(1463~1494)는 신의 천지창조를 예로 들어 이렇게 말했습니다. "신은 하늘, 바다, 육지, 각 장소에서 살아갈 수 있는 적합한 능력을 갖춘 생물을 창조했다. 하늘에는 날개가 달린 새를, 바다에는 아가미를 가진 물고기를, 육지에는 네 발이 달린 짐승을 만들었다. 마지막으로 창조한 인간에게는 살게 할 장소도, 주어야 할 능력도 남아 있지 않았다. 그래서 신은 인간에게 어디든 자유롭게 가고 어디에서든 마음대로 살아도 된다고 했으며, 그를 위한 능력으로 자유 의지를 주었다."

신

이브

아담

신은 인간에게
자유 의지를 주었다.

인간은 하늘을 날 수 있는 날개도, 물속에서 호흡할 수 있는 아가미도 없으며, 대지를 누빌 수 있는 네 발도 없다. 그래서 인간은 신으로부터 자유를 부여받았다.

4장

정의를 생각한다

'무엇이 옳은가'라는 물음에 대한 답은
개인의 가치관이나 처한 상황에 따라 달라지는 경우가 많다.
'옳음'에 관한 물음은 어떻게 생각해야 할까?

정의란 무엇일까?

정의에 대하여

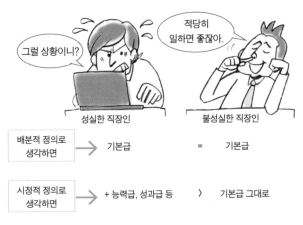

배분적 정의에서는 모든 급여가 동일하다. 이것은 과연 옳은 것일까?

4

정의

정의(正義)란 무엇인가에 대한 물음에는 오랜 역사가 있습니다. 이 물음에 고전적인 정의(定義)를 내린 사람이 아리스토텔레스입니다(63쪽). 그는 정의란 어떤 상황에서도 그 옳음을 인정받아야 할 '완전한 덕'이라고 생각했습니다.

그런 다음 아리스토텔레스는 정의를 '배분적 정의'와 '시정적 정의'로 구별했습니다. 배분적 정의란 관계하는 모든 이를 대등하게 고려하는 정의를 말합니다. 회사를 예로 들면 성실한 직원에게도, 불성실한 직원에게도 모두 같은 급여를 제공해야만 합니다. 반면 시정적 정의란 대등하지 않은 관계성을 법에 따라 바로잡는 정의를 의미합니다. 이때 법이 옳지 않다고 하더라도 무조건 법에 복종하는 것이 절대적인 규칙입니다.

전자의 경우 성실한 직원과 불성실한 직원 모두에게 같은 급여가 지급된다는 점에 의문을 품는 사람이 생길 것입니다. 후자의 경우 잘못된 법을 따르는 것이 과연 옳은 일인가라는 생각을 누구나 할 것입니다.

그렇다면 애초에 보편적 정의는 존재할 수 없는 것일까요?

칸트의 정의

모두가 바람직하다고 생각하는 규칙에 따라 행동하자

곤경에 처한 사람에게 친절해야 한다. 이것이 정언 명법에 의한 규칙이다.

정언 명법에 의한 규칙은 정의다.

이마누엘 칸트(1724~1804)
사과에 '빨갛다', '둥글다'는 성질이 있는 것이 아니라, 지식으로서 빨갛다와 둥글다는 개념이 갖추어져 있기에 그렇게 보이는 것에 불과하다. 칸트는 이러한 인식론에 '코페르니쿠스적 사고'를 도입한 프로이센의 철학자이다.

스스로 행동의 규칙을 정하다

18세기 유럽은 계몽* 시대라고 불린다. 이 시대를 대표하는 철학자가 칸트다.

칸트에 따르면 자신의 행동 규칙은 스스로 결정해야 한다. 그러기 위해서는 모두가 바람직하다고 생각하는 규칙에 따라 행동하면 된다고 말했다. 칸트는 이러한 방식으로 정해지는 규칙을 '정언 명법'이라고 했다. 모든 사람에게 무조건 적용 가능한 규칙인 '~해야 한다'라는 정언 명법만이 정의를 실현할 수 있다.

당선을 위해 '세금 제로' 공약을 내세운다. 이는 가언 명법에 의한 규칙이다.

가언 명법에 의한 규칙은 정의에 반한다.

가언 명법은 정의가 아니다

칸트는 오직 자신만을 위한 이해와 행복에 따라 행동하는 규칙을 '가언 명법'이라고 했다. '칭찬을 받고 싶으니 착한 일을 하자'는 가언 명법에 의한 규칙은 행동 자체가 옳다고 하여도 정의는 아니다. 왜냐하면 행동의 목적이나 동기가 모두에게 적용되는 보편성을 결여하고 있기 때문이다.

> **정의의 사도를 동경하는 아이들에게**
>
> 모두가 바람직하다고 생각하는 행동을 마음에 새기자.

* 계몽이란 관습과 미신에 휘둘리지 않고 자신의 머리로 생각하여 이성적으로 판단하는 것을 의미한다.

롤스의 정의

자신이 아닌 사회의 이익을 위한 것이다

무지의 베일

누구나 치우치지 않은 판단을 하므로 사회 전체의 이익이 되는 정의의 규칙을 찾아낼 수 있다.

무지의 베일을 씌우고 평등하게 논의하자.

존 롤스(1921~2002)
미국 철학자. 1971년 출간된 《정의론》이 커다란 반향을 불러일으켰으며, 격차 원리를 기본 이념으로 한 적극적 우대 조치는 그 후 현실에서 활용되고 있다.

무지의 베일을 가정해 보자

롤스는 공정한 정의를 실현하기 위한 전제로 '무지의 베일'이라는 상태를 가정했다. 무지의 베일이란 일반적인 상황은 모두 알고 있지만 출신, 가족 관계, 사회적 지위, 재산 수준과 같은 개인적 상황에 대해서는 아무것도 모르는 상태를 말한다.

여성

흑인

장애인

원리 1 : 자유는 만인에게 평등하게 주어진다. 다만 불평등이 발생해도 어쩔 수 없다.

원리 2 : 적극적 우대 조치(affirmative-action)는 차별받아 온 사람들에게 교육과 고용의 기회를 보장하기 위한 차별 철폐 조치다. 롤스는 적극적 우대 조치에 영향을 주었다.

정의의 두 가지 원리

롤스는 무지의 베일의 가정에서 정의의 두 가지 원리를 도출했다.

첫째, 다른 사람을 침해하지 않는 범위에서 자유는 만인에게 평등하게 인정되어야 한다.

둘째, 가장 차별받은 사람이 최대의 이익을 받아야 한다. 다만 완전히 동일한 조건하에서 불평등이 발생하더라도 이는 어쩔 수 없다.

롤스의 《정의론》은 평등을 경시해 온 공리주의적인 미국 보수주의에 맞서 자유주의의 입장에서 이론적 반박을 시도했다.

> **기업의 행동 규범으로**
> 자신이 아닌 사회 전체의 이익을 우선으로 생각한다.

샌델의 정의

공동체를 초월하는 공동선을 추구하라

그것이 무엇이든, 인간은 가치관을 가질 수밖에 없다. 무지의 베일 같은 건 쓸 수 없다.

우리는 모두 공동체의 구성원이다.

마이클 샌델(1953~)
미국 철학자. 공동체주의의 논객으로 공동체 사이에 근본적으로 공유하는 공동선을 강조한다. 주요 저서로 베스트셀러인 《정의란 무엇인가》가 있다.

사람은 태어난 공동체의 가치관에서 벗어날 수 없다

샌델은 롤스의 무지의 베일이라는 가정이 비현실적이라고 비판한다. 샌델은 누구도 벗어날 수 없는 무조건적인 전제로, 태어나고 자라 온 공동체의 가치관을 중시한다.

자신의 가족과 출신이 현재 자신의 사고방식에 영향을 미치고 있다는 사실은 부정할 수 없다. 샌델은 그로부터 엿보이는 가치관을 무시할 수 없다고 지적했다.

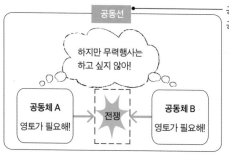

공동선

공동체의 틀을 뛰어넘는 공동선은 가능할까?

하지만 무력행사는 하고 싶지 않아!

공동체 A
영토가 필요해!

전쟁

공동체 B
영토가 필요해!

보편적 정의는 있을 수 없다

너무나 당연한 이야기지만 가치관은 공동체마다 다르다. 무엇을 정의라고 생각하는지에 대해서도 모든 사람이 공유할 수 있는 가치관은 존재하지 않는다. 공동체마다 다른 가치관이 충돌하면서 오늘날 테러라는 형태로 분출되는 것이 세계의 실정이다.

오늘날 보편적 정의가 있을 수 없는 상황에서 지역적 제약을 뛰어넘는 보편성을 가진 가치관(공동선)을 어디까지 마련할 수 있을지 묻게 된다.

유학생과 의견이 맞지 않는다면

공유할 수 있는 가치관을 찾아보자.

자기희생은 대단한 일일까?

협력(우선)

고마워!

좋아! 너를 위해서
발 벗고 나설게!
(나중에 배로 갚아야 해!)

보상을
요구한다.

이타주의? 그렇게 보이는 행위도 사실은 이기주의이다!

이기주의라는 말이 있습니다. '주의'라고 하면 거창하게 느껴질지도 모르지만, 누구나 내가 제일 착하다는 말은 양보할 수 없는 부분이겠지요.

이기주의의 반대말은 이타주의입니다. 이타주의는 자신보다 타인을 우선하는 태도를 뜻합니다. 그렇지만 이타주의가 반드시 자신을 희생하는 태도를 의미하지는 않습니다.

"인정을 베푸는 것은 다른 사람을 위해서가 아니다"라는 말이 있습니다. 이는 타인에게 선행을 베풀면 돌고 돌아 결국 자신에게 온다는 의미입니다. 단기적으로 이타적인 것처럼 보여도 장기적으로 보면 이기적인 행위인 것입니다. 다시 말해 진정한 이기주의자로 있기 위해서는 장기적인 합리성을 고려해야 하므로 선택의 여지 없이 어느 정도 이타적인 행동을 합리적 행위로 간주할 수 있다는 것입니다.

그렇다면 언뜻 보기에 타인을 우선으로 생각하는 이타주의적인 태도도 이기적이지 않다고 말할 수 있을까요?

칸트의 자기희생

목적이 있는 자기희생은 비도덕적이다

자기희생을 '타인을 위하여'라는 목적 달성을 위한 수단으로 삼아서는 안 된다.

이마누엘 칸트(1724~1804)
독일 철학자. 81쪽 참고.

'타인을 위해서'라는 것은 비도덕적이다

궁극적인 자기희생은 다른 사람을 위하여 자신의 생명을 희생하는 모습일 것이다.

칸트는 개인의 이해와 행복을 목적으로 이루어지는 행위에 어떠한 도덕성도 인정하지 않았다. 그렇다면 여기에서 말하는 개인이 본인인지 타인인지와는 관계없이 '누군가를 위해서'라는 대의명분도 행위의 도덕성을 증명할 수 없다.

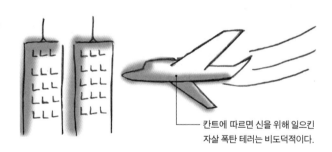

칸트에 따르면 신을 위해 일으킨 자살 폭탄 테러는 비도덕적이다.

자기희생을 도덕적이라고 할 수 없다

물론 일반적으로 자기희생의 행위가 완전히 무의미하다고 할 수 없다. 하지만 칸트의 논의를 고려하지 않으면 자살 폭탄 테러를 부정하는 논거를 잃어버리게 된다. 이런 이유에서 자신이 속한 공동체를 위해 자기를 희생하는 자살 폭탄 테러는 허용되지 않는 것이다.

> **테러리스트를 동경하는 친구에게**
> 목적이 무엇이든 간에 테러라는 수단은 옳지 않다.

미야자와 겐지의 자기희생

오로지 타인에게 진심을 다하여라

나는 두 번째. 부처님의 힘에 기대는 것이 타력이다.

명상 등의 수련을 통해 스스로 깨달음을 얻고자 하는 것이 자력이다.

부처

타력 ←→ 자력

4

자기
희생

타력신앙은 대승 불교

불교에서는 스스로 수행하여 깨달음을 얻은 '자력'과 깨우치는 힘을 가진 존재에 의해 깨달음을 얻은 '타력'을 구분한다. 전자는 붓다(75쪽)가 걸어온 길을 추구하는 상좌부 불교(소승 불교)이며, 후자는 후반생을 중생의 구제에 집중한 붓다의 정신을 계승하는 대승 불교이다. 오늘날에는 타력신앙이라 하면 게으른 사람의 변명처럼 여겨지지만, 원래는 그런 의미와는 거리가 멀었다.

《은하철도의 밤》의 주인공 조반니는 모두의 진정한 행복을 위하여 자신의 몸을 바쳐 불 속에서 타들어 간 전갈의 불(안타레스)을 보고 자기희생의 정신을 깨달았다.

미야자와 겐지

미야자와 겐지(1896~1933)
일본의 시인이자 동화작가. 고향 이와테를 모티브로 한 '이하토브'라는 이름의 상상 속 이상향을 무대로 삼아 창작 활동을 했다. 그 배경에는 법화경 신앙과 농민 생활이 있다.

자기희생을 주제로 삼은 미야자와 겐지

대승 불교의 대표적 경전 중 하나인 《법화경》에는 오로지 타인을 위해 진심을 다하는 마음인 이타심의 중요성을 설명하고 있다. 《법화경》을 진정한 마음의 지주로 삼은 작가 미야자와 겐지는 자기희생을 주제로 한 작품을 다수 남겼다. 대표작으로 주인공 조반니가 친구 캄파넬라에게 "모두의 행복을 위해서라면 그 전갈처럼 내 몸 하나쯤 백번 타들어 가도 상관없어"라고 말하는 《은하철도의 밤》이 있다.

> **자기중심적인 그대에게**
>
> 다른 사람을 위해 온 마음을 다하는 것이야말로 살아가는 의미이다.

테레사 수녀의 자기희생

다른 사람에게 받고 싶은 행동을 하라

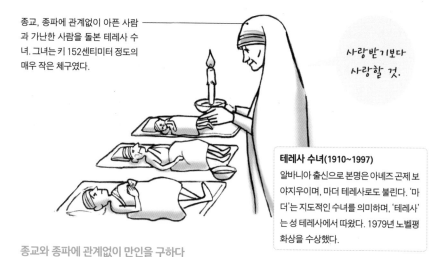

종교, 종파에 관계없이 아픈 사람과 가난한 사람을 돌본 테레사 수녀. 그녀는 키 152센티미터 정도의 매우 작은 체구였다.

사랑받기보다 사랑할 것.

테레사 수녀(1910~1997)
알바니아 출신으로 본명은 아녜즈 곤제 보야지우이며, 마더 테레사로도 불린다. '마더'는 지도적인 수녀를 의미하며, '테레사'는 성 테레사에서 따왔다. 1979년 노벨평화상을 수상했다.

종교와 종파에 관계없이 만인을 구하다

테레사 수녀는 사회 최하층의 가난한 사람들을 구제하는 데 일생을 바쳤다. 종교나 종파, 지역이라는 틀에 갇히지 않고 인도 콜카타의 빈민가에 위치한 폐쇄된 힌두교 사원에서 자선 활동에 힘쓴 그녀의 행동을 당시 가톨릭교회의 상층부는 인정하지 못했다. 어려운 사람들의 시선에 맞추어 행동하는 것은 교회의 품위를 손상시키는 행위로 여겨졌기 때문이다.

혜택 받지 못하는 사람들을 위해….

만찬회 비용이 있다면….

테레사 수녀는 노벨평화상 수상 당시, 만찬회 대신 그 비용을 콜카타에 있는 가난한 사람들을 구제하는 데 사용할 수 있도록 요청했다.

황금률에 의한 자기희생

'남에게 받고 싶다고 생각한다면 그게 무엇이든 당신도 다른 사람에게 그렇게 행동하라'는 말은 신약성서에 명기된 그리스도교의 근본 원칙이다. 성서에 충실한 수녀로서 일생을 다른 사람을 위해 바치는 것은 그녀에게 당연한 일이었다. 오히려 그녀에게는 자기희생이야말로 가르침에 충실한 실천이었다.

> **봉사 활동을 권유받았을 때**
>
> 누군가를 위한 행동은 소중합니다.

사람을 살해하다.

사형에 처해진다.

살인범에게 사형 선고가 내려졌다.
사람을 살해했다고 해서 그 범인을 죽여도 될까?

초등학생이 어른들에게 다양한 질문을 하는 방송 프로그램이 있었습니다. 그 질문들 중 하나가 "왜 사람을 죽이면 안 되나요?"였습니다. 어른들은 이 질문에 제대로 대답하지 못하고 당황하고 말았습니다.

물론 법률에는 살인죄가 규정되어 있어 사람을 살해하는 행위가 금지되어 있습니다. 법을 어기고 누군가를 살해한다면 벌을 받습니다. 하지만 왜 사람을 죽이면 벌을 받는지에 대한 명확한 이유는 법전에 적혀 있지 않습니다.

또한 사형 제도도 법률로 정해져 있는 합법적인 형벌입니다. 즉 정의라는 이름으로 국가가 적극적으로 사람을 살해한다고 할 수 있는 것이지요.

'죽이다'라는 행위를 정당화할 수 있다면 과연 이 세상에는 죽여 마땅한 사람이 있는 것일까요? 생각이 여기에 이르면 모든 인간은 본래 평등한 것이 아닌가라는 의문이 들기도 합니다. 사람이 같은 사람을 구분하는 행위는 문제없는 것일까요? 이처럼 물음 하나는 또 새로운 물음을 불러일으킵니다.

칸트의 살인

언젠가 자신도 살해당하기 때문이다

그래, 그럼 나는 헤겔이야 (거짓말).

내 이름은 괴테야(거짓말).

거짓말이 허용된다면 누구의 말도 신용할 수 없게 된다.

이마누엘 칸트(1724~1804)
독일 철학자. 81쪽 참고.

모두가 똑같은 평가 기준을 갖는다면 어떻게 될까

칸트는 무엇을 하든 모두가 바람직하다고 생각하는 규칙에 따라 행동하는 것이 가장 중요하다고 생각했다. '보편화할 수 있는가'가 행동을 평가하는 기준인 것이다.

예를 들어 '거짓말'이라는 행위는 어떻게 평가할까? 거짓말을 보편화한다면 누구나 거짓말을 한다는 결과에 도달할 것이다. 그렇게 되면 우리는 누구의 말도 믿을 수 없게 되며, 결국 약속이나 신뢰는 불가능해진다.

'사람을 죽여도 된다'고 하면 자신도 언젠가 살해당할 수 있다는 의미가 된다.

모두가 다른 사람을 살해하기 시작한다면 자신도 죽임을 당한다

사람을 죽인다는 행위는 어떻게 될까? 만약 내가 누군가를 살해했다면 곧 그 화살 끝이 자신을 향한다는 사실을 당연히 예상할 수 있다. 그렇다면 살인이라는 행위가 용인될 수 없다는 것은 명백하다.

> **살인 사건의 배심원이 되었다면**
>
> 언젠가 나에게도 일어날 수 있는 일이라고 생각해 보자.

샌델의 살인

많은 사람을 구할 수 있으면 소수의 죽음은 어쩔 수 없는 것인가?

나

한 명의 희생

다섯 명의 희생

선로 전환기를 조작할 수 있다면 다섯 명을 살릴 것인가, 아니면 한 명을 살릴 것인가?

다 함께 정의에 대해 생각하자.

마이클 샌델(1953~)
미국 철학자. 83쪽 참고.

한 명이 죽으면 다섯 명이 산다?

샌델이 주장한 유명한 공리주의적 사고를 소개한다.

엄청난 속도로 폭주하는 무인 기차의 선로 위에는 작업자 다섯 명이, 분기선에는 작업자 한 명이 일하고 있다. 당신이 선로 전환기를 조작하는 사람이라면 어느 쪽을 구할 것인가?

공리주의는 최대 다수의 최대 행복의 실현을 추구하는 사상이다. 위의 질문에 대답은 당연히 한 명의 희생이 된다. 죄 없는 누군가를 죽여도 그 선택이 더 도덕적이라고 생각하는 것이다.

트루먼

미국의 트루먼 대통령은 미국인을 구하기 위해 일본에 원자폭탄을 투하하는 것은 어쩔 수 없는 일이라고 생각했다.

많은 사람을 구하기 위해 소수의 희생은 불가피하다

공리주의에서는 사람을 살해하면 안 된다는 명제도 상황에 따라 달라진다. 더 많은 사람을 구하기 위해서는 소수의 희생이 불가피한 것이다. 미국은 이러한 논리로 무고한 사람을 대량으로 살해한 원자폭탄 투하가 정당했다고 주장한다.

> **대량 살상 무기의 옳고 그름을 따진다면**
>
> 다수를 구하기 위한 희생을 어떻게 받아들일지 고민하라.

푸코의 살인

살인은 사람을 지배하거나 지키기 위한 수단이 될 수 있다

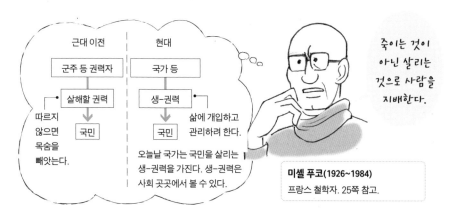

근대 이전
군주 등 권력자 → 살해할 권력 → 국민
따르지 않으면 목숨을 빼앗는다.

현대
국가 등 → 생-권력 → 국민
삶에 개입하고 관리하려 한다.
오늘날 국가는 국민을 살리는 생-권력을 가진다. 생-권력은 사회 곳곳에서 볼 수 있다.

죽이는 것이 아닌 살리는 것으로 사람을 지배한다.

미셸 푸코(1926~1984)
프랑스 철학자. 25쪽 참고.

죽이는 것이 아니라 살리는 것이 추세

'권력'이란 무언가를 강제할 수 있는 권리를 가지는 것으로 정의된다. 군주의 횡포에 괴롭힘을 당하는 약자가 목숨을 빼앗기는 장면이 머릿속에 떠오를 것이다. 하지만 푸코는 이는 근대 이전의 모습이라고 말한다. 현대의 권력은 죽이는 권력이 아니라 반대로 살리는 생-권력으로 변모하고 있다.

국가는 세금을 납부하는 국민이 일정 수 이상 존재하지 않는다면 유지될 수 없다. 따라서 국가는 국민을 일방적으로 착취하는 것이 아니라 적절하게 살려 두는 것이다. 심지어 자국을 번영시키고 자국민을 행복하게 하기 위해 히틀러처럼 다른 민족을 살해하는 것을 서슴지 않는 생-권력도 존재한다.

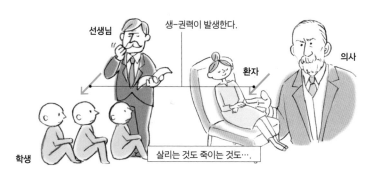

선생님
생-권력이 발생한다.
의사
환자
학생
살리는 것도 죽이는 것도….

질서가 있는 장소에는 생-권력이 존재한다

생-권력은 국가뿐 아니라 학교나 병원, 직장이나 가정 등 서열이 있는 곳은 반드시 발생한다. 개인은 물론 사회적인 제도 속에서 생-권력이 발생하는 경우도 있다.

다른 사람 위에 선다면

자신의 위치에 권력이 생긴다는 사실에 주의하자.

전쟁이란 무엇일까?

총력전

군사력은 물론 국가의 총력을
동원하여 실행하는 전쟁

테러

정치적 목적을 달성하기 위해
폭력을 행사하는 것

올바른 전쟁이란 존재할까? 애초에 전쟁은 악이지 않은가.

4

전쟁

전쟁의 반대말은 평화입니다. 우리는 20세기에 두 번에 걸쳐 세계 대전을 경험
했습니다. 19세기까지 국소적인 지역에 한정되던 전쟁이 전면전이나 총력전으
로 바뀐 것입니다. 이제는 기사도에 입각한 올바른 전쟁이라는 개념은 사라지
고 모든 전쟁은 악이며, 평화가 선이라는 인식이 일반화되었습니다.

21세기가 되어 세계 각지에서는 국소적인 군사 충돌이 빈발하고 있습니다.
그런 의미에서 21세기는 테러의 시대라고 일컫습니다. 지구화가 진행되는 이
면에는 그에 대항하듯 다양한 지역에서 배외주의나 민족운동의 목소리가 높아
지고 있습니다. 이러한 흐름이 세계 대전으로 이어지지 않는다고 이것을 이전
세기까지의 올바른 전쟁에 대한 인식이 부활했다고 할 수 있을까요?

우리는 일상생활에서 평화를 누리고 있습니다. 하지만 이 평화가 언제 무너
질지 아무도 알지 못합니다.

그렇다면 전쟁이 악이고 평화가 선이라는 인식은 정말로 옳은 것일까요?

칸트의 전쟁

분명 타협할 수 있다

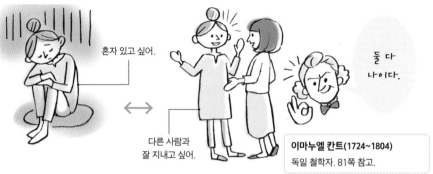

혼자 있고 싶어.

다른 사람과
잘 지내고 싶어.

둘 다
나이다.

이마누엘 칸트(1724~1804)
독일 철학자. 81쪽 참고.

인간의 비사교적 사교성

칸트는 인간을 비사교적 사교성을 가진 존재라고 말했다(비사교적 사교성 원칙). 우리 내면에는 다른 사람과 교류하고 싶은 감정과 누구도 가까이하고 싶지 않은 감정이 공존한다. 또한 다른 사람과 친하게 지내고 싶으면서 동시에 그들의 우위에 서고 싶은 상반된 마음도 있다.

먼저 대화를 하자!

당하기 전에
해치우자!

전쟁은 근절할 수 없다, 타협이 중요하다

칸트는 비사교적 사교성 원칙이 개인뿐 아니라 국가 간 관계에서도 통한다고 생각했다. 모든 나라가 다른 나라와 우호적인 관계를 유지하고 싶은 동시에 우위에 서고 싶어 한다. 자국의 평화를 지키기 위해서라는 구실로 전쟁을 일으키는 경우도 종종 있다.

다시 말해 이 원칙을 근절하는 것은 불가능하다. 하지만 칸트는 개인과 마찬가지로 서로 비사교적 사교성을 존중하고 싸우면서도 공존할 수 있으며, 실현되어야만 한다고 생각했다. 이를 위해 칸트가 구상한 것이 현재 국제연합의 원형이다.

> **국가 간 분쟁에 대하여**
>
> 비사교적 사교성을 발휘해도 좋지 않을까.

클라우제비츠의 전쟁

전쟁은 하나의 정치 수단이다

클라우제비츠는 천재 나폴레옹에게 패배한 경험을 통해 전쟁의 이론화를 목표로 했다고 한다.

나폴레옹

전쟁은 정치의 일부다!

카를 폰 클라우제비츠(1780~1831)
나폴레옹 전쟁에 프로이센군 장교로 참가한 군인. 사후 1832년 발표된《전쟁론》은 이론서로서 높이 평가받고 있다.

전쟁 철학

클라우제비츠의《전쟁론》은 "전쟁은 다른 수단으로 수행하는 정치의 연속이다"라는 유명한 문장에서도 알 수 있듯, 전쟁을 하나의 정치 수단으로 위치 지은 저서로 높은 평가를 받고 있다.

국민국가가 성립되고 총력전이 현실이 되어 가던 19세기 전반에 쓰인 이 책은 흔히 있는 전술론의 수준을 넘어, '전쟁이란 무엇인가'라는 본질적인 논의부터 구성되어 있어 '전쟁 철학'이라고 할 수 있는 내용을 다루고 있다.

A 국가

B 국가

전쟁은 결국 결투다.

영토를 넘겨주지 않겠어.

우리 영토 침략을 멈추어라!

죽어라! 죽어라!

전쟁은 어느 시점에 타협해야만 한다

《전쟁론》에 따르면 전쟁은 간단히 말해 적대적인 두 세력에 의한 결투다. 결투의 목적은 당연히 상대의 죽음이며 적군을 섬멸해야만 한다. 하지만 한편으로 전쟁은 정치 도구이며, 정치적 교섭은 전쟁을 하고 있는 순간에도 계속된다. 아니, 전쟁 행위 자체가 정치적 교섭을 구성하는 한 요소다. 결국 어딘가에서 부득이하게 타협하는 행동인 것이다.

다투고 있는 두 사람에게

전쟁과 마찬가지로 어느 시점에서 타협해야만 한다.

카를 슈미트의 전쟁

전쟁은 적에게 대항하기 위해 필요하다

카를 슈미트(1888~1985)
독일 정치학자. 1933년부터 나치의 사상적 중심이 되었다. 저서 《파르티잔》에서 스페인 내전을 평가했다. 유대인 학자를 칭찬했다는 이유로 1936년에 실각되었다.

적에 맞서는 전쟁은 필요한 행위

카를 슈미트의 업적 중 하나는 전쟁의 본질을 정치와 연관시킨 클라우제비츠의 통찰을 더욱 진전시켰다는 점이다. 슈미트는 1932년에 발표한 《정치적인 것의 개념》에서 정치의 본질을 '친구'와 '적'의 분류로 묘사했다. 이는 자신의 존재를 긍정해 주는 대상을 친구, 이질적인 타자의 존재를 적이라고 생각하여 정치 개념을 규정하는 이론이다. 자신의 존재를 부정하는 적에 대항하려면 때에 따라 전쟁도 필요하다고 말한다.

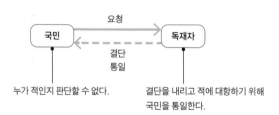

인간은 근본적으로 악한 존재

정치의 본질은 아군과 적의 구별에 있다고 규정한 슈미트 이론의 바탕에는 인간은 근본적으로 악하다는 전제가 깔려 있다. 인간이 악한 이상 자신을 긍정해 주지 않는 이질적인 타자는 반드시 존재한다.

　동시에 슈미트는 모호한 정치 상황에서는 결단을 내리는 독재자가 요구될 수밖에 없다고 생각했다. 이와 같은 이유로 슈미트의 정치 이론은 이질적인 타자로서 유대인을 배척한 나치의 사상적 근거가 되었다.

> 결정하지 못하고 망설이는 경영자에게
>
> 때로는 독단적인 행위도 필요하지 않을까.

왜 법을 지켜야 할까?

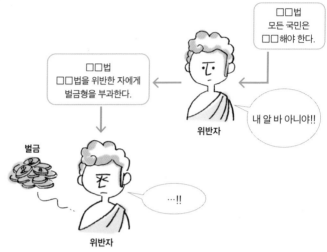

법은 계속 생겨난다. 그래도 지켜야 한다.

우리는 집단으로 살아가는 존재인 이상 질서를 유지하기 위한 규칙이 있어야 합니다. 이에 구속받고 싶지 않은 사람도 있겠지만, 규칙을 지키지 않는 사람을 방치한다면 언젠가는 규칙 자체가 무효가 되고 맙니다. 그렇게 되지 않도록 법을 위반한 사람을 벌하는 새로운 규칙이 제정됩니다. 이렇게 규칙 즉 법은 오늘날 계속해서 새로이 만들어지고 있습니다.

　그러나 법을 지키는 데에 의문을 품는 것이 애초에 이상하다고 말할 수 있습니다. 어쨌든 법은 지켜야 하는 것입니다. 왜냐하면 법은 모든 사람에게 평등하게 적용되기 때문입니다. 누구에게나 평등한 이상 악법이라도 공정하며, 정의에 합당한(합당해야 할) 것입니다.

　'왜 사람을 죽이면 안 될까?'라는 물음에 살해를 허용하면 자신도 같은 꼴을 당할 수 있기 때문이라는 이해하기 쉬운 근거가 있었지만, '왜 법을 지켜야 할까?'라는 물음에는 법이란 그런 것이라고밖에 말할 수 없습니다.

4

법

플라톤의 법

법을 통해 덕을 익힌다

이상 국가에 필요한
전반적인 제도에
입각하여 법률을
만든다.

농업 / 재산 / 제도 / 입법 / 교육 / 건조물 / 군사 / 신학 / 가정 / 형벌 → 법률

어떤 법을 제정해야 이상 국가 마그네시아를 실현할 수 있을까?

덕이 있는
사람이 되기
위함이다.

플라톤(기원전 427~기원전 347)
고대 그리스 철학자. 27쪽 참고.

플라톤의 가장 긴 저서 《법률》

《법률》은 플라톤이 노년에 글로 엮은 저작 중 가장 많은 분량을 자랑한다.

크레타섬을 배경으로 크노소스 시민과 아테네인, 스파르타인, 세 명이 이야기를 나눈다. 새로운 식민 도시(상상의 이상 국가 마그네시아)를 세울 계획을 갖고 그에 필요한 제도 전반을 어떻게 해야 할지 함께 구상하는 설정의 《대화편》이다.

법률 덕분에 인간으로서
성장할 수 있었어!

시민

덕

덕을 중시한 법률로,
시민들이 덕을 익히게 한다.

법을 제정하기 위해서는 덕이 필수

이 법 제도는 당시 그리스의 양대 세력이던 스파르타와 아테네의 현행법에서 가장 좋은 부분을 뽑아낸 것이다. 주목해야 할 것은 입법에 필요한 근거로 '덕'이 중시되었다는 점이다. 시민을 선하게 만드는 것이 국가와 정치의 역할이며, 이를 위해 반드시 필요한 지지대가 법률이라는 것이다.

하지만 법을 지키는 자가 진정 선한 사람이라고 말할 수 있을까?

> **학교의 규칙을 고민하는 학생에게**
>
> 선한 사람이 증가하는 규칙을 만들어야 한다.

벤야민의 법

권위가 결여된 법을 지킬 이유는 없다

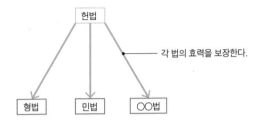

헌법과 법의 관계

대부분의 국가와 사회, 부족은 규칙 또는 법률이 존재한다. 근대 국가에서는 국가의 큰 틀을 정한 것이 헌법이며, 이를 바탕으로 민법과 형법 같은 개별 분야의 법이 규정되어 있다. 따라서 헌법은 개별 수준의 법 효력을 보장하는 중요한 역할을 담당한다. 그렇다면 헌법의 타당성은 대체 어떤 권위에 의해 보장되는 것일까.

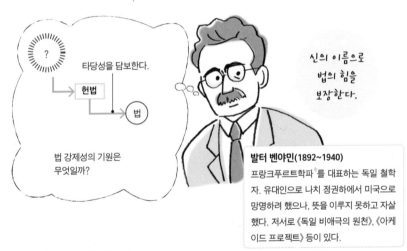

발터 벤야민(1892~1940)
프랑크푸르트학파*를 대표하는 독일 철학자. 유대인으로 나치 정권하에서 미국으로 망명하려 했으나, 뜻을 이루지 못하고 자살했다. 저서로 《독일 비애극의 원천》, 《아케이드 프로젝트》 등이 있다.

신화적 폭력이 법을 가능하게 한다

이처럼 벤야민은 권위가 부재한 법을 지적했다. 법 강제성의 기원을 찾아 거슬러 올라가면 그 끝에는 근거 없는 조정(措定)**의 의지밖에 없다. 어떠한 법도 거슬러 올라가면 결국 결정적인 권위를 결여하고 있는데, 이런 사태를 벤야민은 '신화적 폭력'이라고 했다.

　'신화적'이란 오래전부터 그렇게 되어 있는 모습을 나타내며, '폭력'이란 아무 근거 없이 강제력을 발휘하는 점을 가리키는 표현이다.

> 법률에 대하여 논의하게 되었다면
>
> 기원을 더듬어 보면 어떠한 법률도 결정적 권위를 결여한다.

* 프랑크푸르트학파는 마르크스주의를 연구하기 위하여 설립된 사회연구소를 중심으로 활약한 철학자 그룹이다.
** 조정이란 'S는 P다'라는 명제의 형태로 사물의 존재를 단적으로 긍정하거나, 그 내용을 명석하게 서술하는 기능을 의미한다.

데리다의 법

법의 근거는 확정되지 않는다

미국 독립 전쟁이 한창인 가운데 초안이 작성되었다.

법의 근원에 있는 폭력은 긍정도 부정도 할 수 없다.

자크 데리다(1930~2004)
프랑스 철학자. 에크리튀르(쓰인 것)의 우위에 착목하고, 탈구축,* 차연** 등의 키워드로 알려진 포스트구조주의를 대표하는 인물이다.

미국 독립 선언문

프랑스 철학자 데리다는 미국 독립 선언을 이용하여, 본래 어떠한 법도 근거가 없다고 말하는 벤야민의 지적을 구체적으로 고찰했다. 미국 독립 선언은 미국이라는 나라의 근간을 이루는 헌법에 해당한다. 그 초안을 만든 사람은 미국 건국의 아버지라 불리는 토머스 제퍼슨인데, 그는 대륙회의***의 구성원에 불과하며 의뢰받은 업무로서 이 임무를 수행했다.

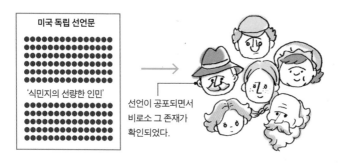

미국 독립 선언문

'식민지의 선량한 인민'

선언이 공포되면서 비로소 그 존재가 확인되었다.

식민지의 선량한 인민은 누구인가?

미국 독립 선언문에는 "이 식민지의 선량한 인민의 이름, 그리고 그들의 권한에 의해 엄숙히 발표하고 선언한다"라고 쓰여 있다. 여기에서 말하는 식민지의 선량한 인민에 해당하는 존재는 실제로 선언문이 발표된 후 그 존재가 확정되었으며, 선언문 초안이 작성될 단계에서는 그저 가정되었을 뿐이다.

　이처럼 그 존재를 선점함으로써 미국 독립 선언의 근거는 확정될 수 있었다. 그렇다고 선언이 무효하다는 이야기는 아니다. 데리다는 본디 법이란 근거가 확정되지 않은 것이 아닐까 하고 문제를 제기했다.

> 법률의 근거에 대해 분쟁이 일어난다면
>
> 본래 나중에 추가하는 것이며, 근거가 확정되지 않기 마련이다.

---

* 탈구축이란 전통적인 철학에서 문자와 소리, 영혼과 육체라는 이원론적 입장을 텍스트에 의거하여 탈피하려는 시도다.
** 차연(差延)은 프랑스어로 '차이'를 의미하는 단어에 '연기하다, 늦추다'를 의미하는 단어를 더하여 데리다가 만든 조어다.
*** 대륙회의란 13개 식민지 대표자들로 구성된 독립을 위한 회의를 가리킨다.

전쟁과 철학

이번에는 전쟁에 큰 영향을 받은 철학자에 대해 알아봅시다. 프랑스로 귀화한 리투아니아 출신 유대계 철학자 에마뉘엘 레비나스(1906~1995)가 있습니다. 그는 젊은 시절 독일에서 유학하며 현상학 창시자 후설(20쪽)의 가르침을 받았지만, 그때 만난 하이데거(43쪽)에게 더 큰 영향을 받았습니다.

레비나스는 제2차 세계 대전이 발발하자 프랑스군으로 참전했다 독일군의 포로가 되어 버렸습니다. 수용소에서 살아남아 귀국해 보니 고향의 친척과 동포 들은 모두 유대인 학살 정책으로 가스실로 끌려간 후였습니다. 혼자 살아남았다는 마음의 빚을 어떻게 짊어지고 살아갈 것인가, 또 공허한 마음을 어떻게 채울 것인가, 세계 대전 이후 레비나스의 사색은 이렇게 시작되었습니다.

레비나스가 고안한 개념인 일리야(il y a)는 프랑스어로 '존재'를 의미하는 관용 표현입니다. 존재라고 하면 하이데거의 저작《존재와 시간》이 떠오르지요. 독일어로 일리야에 상응하는 표현 에스 기브트(es gibt)를 직역하면 '그것이 준다'라는 의미입니다. 독일어에서 존재라는 단어에는 인간에게 주어진 자리 또는 은혜의 의미가 포함된 것입니다.

하지만 레비나스의 일리야에는 이런 긍정적인 요소는 없습니다. 그는 어떠한 공허도 남기지 않고 모든 것을 가득 메워 가는 존재의 숨막힘을 강조했습니다. 전쟁으로 동포들이 모두 학살당해 텅 빈 그의 고향*의 공허도 머지않아 존재가 증식하여 메워집니다. 나아가 시간이 지나면 존재가 대부분을 점령하고 잃어버린 것들의 회상조차 할 수 없게 되어 갑니다. 어쩔 수 없는 이런 일리야의 폭력에 어떻게 직면해야 하는가. 이것이 전후 레비나스의 철학적 테마가 되었습니다.

쓰레기 더미로 변해 버린 고향 카우나스

레비나스는 친척들이 가스실로 끌려갔다는 사실을 알고 아연실색했다.

시간이 흐르고….

빌딩 숲으로 바뀌어 버린 고향

'존재'가 증식하여 잃어버린 것들도 회상할 수 없게 되었다.

레비나스

※ 레비나스의 고향 카우나스는 현재 리투아니아 최대 도시이다. 유대인 탈출의 거점으로도 잘 알려진 도시로, 유대인들은 카우나스에서 전 세계로 망명했다.

5장

사회와 세계를 생각한다

세계의 모습과 인류의 진보, 역사적 고찰을 통해
이 세상의 배경을 생각해 보자.
그러면 앞으로 사회, 나아가 세계와
어떻게 마주해 갈 것인지 보일지도 모른다.

돈이란 무엇일까?

사회와 세계에 대하여

으윽…. 토끼와 교환해 주세요.

이건… 게임?

거래처	← 가상 화폐	
	→ 통화	

	가상 화폐 →	점포
	← 상품과 서비스	

돈이란 모든 것을 매개하며, 이를 기호화한 것이 가상 화폐다.
가상 화폐는 온라인에서 주고받는 숫자 게임과 같다.

5

돈

우리는 자본주의 경제 사회를 살아가고 있습니다. 자본주의 경제 체제는 재화나 서비스의 생산과 교환, 유통과 분배로 이루어져 있습니다. 이 모든 행위를 매개하는 역할을 해내는 것이 바로 돈입니다. 이 세계는 교육과 의료, 공공 서비스까지 상품화되고 있어, 돈으로 살 수 없는 것이 없을 정도입니다. 그러나 원래 돈은 매개체에 불과해 그 자체에 가치는 없습니다.

매개체로서 돈의 개념을 기호로서 활용한 것이 최근 화제가 되고 있는 가상 화폐입니다. 하지만 가상 화폐는 매개체로서의 가치조차 없습니다. 즉 매개체로서 돈의 이동도 없이 인터넷에서 숫자 게임만 전개되고 있을 뿐입니다.

선진국은 현실적으로 더 이상 경제 성장을 기대하기 어렵습니다. 기본적인 인프라를 모두 갖춘 나라에서 수요의 급격한 성장이 있을 수 없다는 것은 누구나 알고 있는 사실입니다. 좋고 나쁘고를 떠나 일종의 언어 게임으로서 가상 화폐가 성립하는 배경이 바로 여기 있습니다.

애덤 스미스의 돈

물물 교환은 한계가 있다

교섭 성립!
욕망의
이중적 일치는
무척 드물다.

나는 고기를 원하고, 당신은 빵을
원하니 우리 교환합시다.

욕망을 교환하는 매개체

애덤 스미스는 영국에서 산업 혁명이 진전되고 자본주의가 확립될
무렵 돈의 존재 의의를 고찰했다. 돈이 존재하지 않는 사회에서는
물물 교환이 기본이었다. 그러나 빵집이 고기를 원할 때, 마침 정
육점이 빵을 구하는(욕망의 이중적 일치) 우연은 일어나지 않는다.
그때 돈이라는 매개체가 있다면 편리하다. 양자는 원할 때 욕망을
충족시킬 수 있기 때문이다.

> **애덤 스미스(1723~1790)**
> 영국 경제학자. 그가 저술한 《국부
> 론》은 경제학서의 선구로 높이 평가
> 받았으나, 흄과 몽테스키외 등 계몽
> 사상의 재탕이라는 비판도 있다.

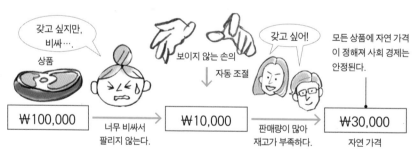

갖고 싶지만,
비싸….

상품

보이지 않는 손의
↓ 자동 조절

갖고 싶어!

모든 상품에 자연 가격
이 정해져 사회 경제는
안정된다.

₩100,000 → 너무 비싸서
팔리지 않는다. → ₩10,000 → 판매량이 많아
재고가 부족하다. → ₩30,000
자연 가격

보이지 않는 손

욕망을 돈으로 조절할 수 있다면 터무니없이 비싼 상품이나 질 나쁜 물건은
조금 더 기다려 보겠다고 판단할 수 있다. 결과적으로 이런 상품은 아무도 구
매하지 않게 되어 자연스럽게 시장에서 도태된다. 그 결과 모든 상품에 자연
가격이 형성된다. 스미스는 사회 전체가 바람직하고 안정된 경제 상태에 도
달하는 구조를 '보이지 않는 손'이라고 했다.

> **생활용품을 판매하려는
> 친구에게**
> 스스로 가격을 결정할 수
> 있지만, 최종적으로 가격
> 은 시장이 결정한다.

마르크스의 돈

돈은 상품 교환을 매개한다

고양이

사자

동물

누구?

돈은 동물들 가운데 동물이라는 종이 있는 것과 같다.

카를 마르크스(1818~1883)
독일 출신 경제학자. 1845년 이후 무국적자가 되었다. 자본주의의 발전과 자괴에 의해 공산주의 사회가 도래한다고 예언한 《자본론》을 중심으로 한 마르크스 경제학은 20세기 사회를 뒤흔들었다.

화폐는 교환이 가능한 특수한 상품

사실 돈도 상품의 한 종류다. 다만 상품 세계에서 돈은 동물의 세계에 사자와 호랑이 같은 진짜 동물들과 함께 동물이라는 종이 활보하고 있는 셈이다. 돈은 어떤 것과도 교환이 가능한 일반적 등가물이라 불리는 특수한 상품이다.

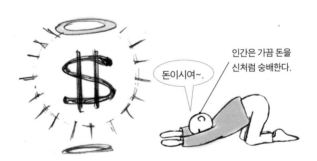

돈이시여~.

인간은 가끔 돈을 신처럼 숭배한다.

화폐의 물신화(페티시즘)

그러나 우리는 종종 상품 교환의 매개체에 불과한 돈 자체에 가치가 있는 듯 착각하고 만다. 돈을 모으는 데에만 혈안이 되어 있는 사람은 적지 않다. 마르크스는 이렇게 저축 자체가 목적이 되어 버린 현상을 '물신화(페티시즘)'라고 했다. 상품을 구입하기 위한 도구일 뿐인 돈을 마치 특별한 가치를 가진 존재로 숭배하는 주객전도의 상황이 발생하는 것이다.

저금에 집착하는 딸에게

돈 자체에는 가치가 없다는 사실을 잊지 말자.

짐멜의 돈

물질뿐 아니라 사람 사이에도 교환 관계를 성립시킨다

지참금 등 결혼도 돈과 밀접한 관계가 있다.

다른 사람과 자신을 이어 주는 것, 그것이 돈이다.

게오르크 짐멜(1858~1918)
독일 사회학자. 사회의 근거는 사람의 마음에 있다고 하며, 헤겔 사상의 주지주의*에 대항하는 '생의 철학'을 표방하고 정치, 경제, 미학 등 다양한 활동의 상호 작용을 연구했다.

돈은 다른 사람과 나를 이어 준다

짐멜은《돈의 철학》에서 돈은 인간의 사회생활 가운데 특별한 역할을 담당하고 있다고 말하며, 그 기능을 다양한 방면에서 분석했다. 현대 사회는 매매라는 물질적인 관계뿐 아니라 결혼이나 이혼이라는 인간관계까지 돈을 매개로 성립된다.

인간은 더 이상 돈을 돈으로 보지 못한다.

생활에서의 의미가 중요하다

짐멜은, 돈이 물질로서 무엇을 소재로 하고 있고 어떠한 경제적 기능을 해내고 있는가 이상으로, 돈이 인간 생활에서 어떤 의미를 가지는지가 중요하다고 말했다. 짐멜은 마르크스가 물신화라고 부른 현상이 사회 깊숙한 곳까지 침투해 있는 상황을 문제시했다고 할 수 있다.

> 남편의 박봉을 고민하는 아내에게
>
> 우리 생활 속에서 돈이 가지는 의미를 생각하자.

* 주지주의란 일반적으로 모든 존재를 관념과 진리 등 지성적으로 파악할 수 있는 요소로 환원할 수 있다고 생각하는 사상의 총칭이다.

세계는 왜 존재할까?

이 광대한 우주에서 언어를 가진 생명체가 살고 있는 행성은 지구뿐일까?

밤하늘을 올려다보면 무수히 많은 별이 빛나고 있습니다. 우주에 이렇게 무수한 별이 있으니 어딘가에는 지구처럼 생명체가 사는 별이 존재할 것도 같은데, 아직 그런 이야기는 들려오지 않습니다.

한 계산에 따르면 지구와 같은 행성이 존재할 확률은 1천조 분의 일이라고 합니다. 또 은하에 존재하는 별의 수는 약 1천억 개라고 합니다. 그렇다면 지구라는 존재는 상상조차 할 수 없는 우연의 산물일지도 모릅니다.

빅뱅에서 시작된 우주의 탄생과 별의 창성, 생명의 기원 등 과학은 깜짝 놀랄 만한 이야기를 가지고 있습니다.

하지만 과학으로 밝힐 수 없는 우주 창조의 장대한 역사는 지금 여기에 내가 존재하는 세계가 있다는 실감과 바로 연결되지 않습니다. 아마 내가 죽은 후에도 세계는 존속하겠지만, 그 세계는 지금 내가 실감하고 있는 현실 세계와는 무관할 것입니다.

그렇다면 세계란 무엇이며 왜 존재하는 것일까요?

예수 그리스도의 세계

세계는 신에 의해 무에서 창조되었다

세계는 무에서 창조되었다

일신교는 세상의 모든 것이 '오직 하느님'에 의하여 무로부터 창조되었다고 말한다. 일신교는 유대교와 거기에서 나온 그리스도교, 그리고 또다시 파생된 이슬람교의 공통 사상이다.

그렇다면 애초에 신은 왜 세계를 창조했을까? 전지전능한 신에게 무언가 결여된 것은 있을 수 없기에, 신에게는 세계를 창조할 필요도 동기도 없다. 그럼에도 신은 우리가 사는 이 세계를 창조했다. 그 이유는 무엇일까?

예수 그리스도(기원전 4년~기원후 30년)
그리스도교의 신앙의 대상. 59쪽 참고.

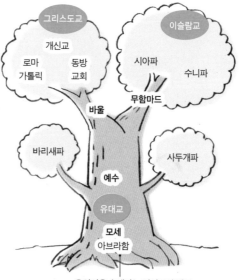

유일신을 숭배하는 일신교의 계통.
이보다 앞서 고대 이집트에서도
일신교의 흔적을 찾을 수 있다.

1일째	2일째	3일째	4일째	5일째	6일째	7일째
낮과 밤이 생겼다.	물의 공간과 공기의 공간이 분리되었다.	육지와 식물이 생겨났다.	태양과 달, 별이 생겨났다.	바다와 하늘의 생물이 생겨났다.	육상 생물과 인간이 생겨났다.	신이 휴식을 취했다.

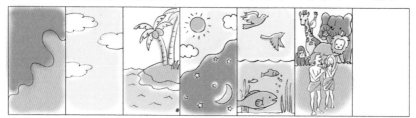

신의 아가페에 의해 살아가고 있다

유대교에서는 세계의 창조를 신의 응축(침춤, Zimzum)이라 부른다. 즉 신은 스스로 물러나 공간을 비워 줌으로써 피조물(32쪽)인 인간이 살아갈 여지를 부여했다. 그 이유는 바로 사랑이다. 신의 인간에 대한 무조건적·절대적 사랑이 예수 그리스도가 실천한 신학 개념인 아가페의 원형이다.

> **세계는 무엇인가라는 질문에**
> 신의 사랑으로 생겨난 것이라고 답하자.

라이프니츠의 세계

신이 선택한 최선의 세계다

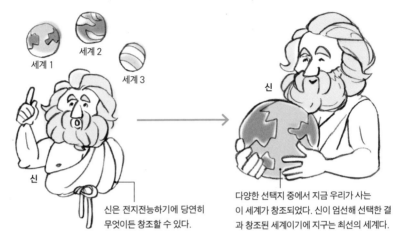

세계 1

세계 2

세계 3

신

신

신은 전지전능하기에 당연히 무엇이든 창조할 수 있다.

다양한 선택지 중에서 지금 우리가 사는 이 세계가 창조되었다. 신이 엄선해 선택한 결과 창조된 세계이기에 지구는 최선의 세계다.

지구는 신이 선택한 최선의 가능 세계

라이프니츠는 사물의 존재 방식을 있을지 모르는 '가능성'과 현재에 있다는 '현실성', 그럴 수밖에 없다는 '필연성'으로 구별하여 설명했다.

이 구분을 세계의 존재에 적용하면 무수히 많은 세계가 있어야 한다. 하지만 실제로 세계는 단 하나밖에 존재하지 않는다. 그렇다면 이 세계야말로 존재해야 하는 유일한 세계다. 라이프니츠는 세계를 무한한 가능 세계 가운데 신이 실현한 최선의 것이라고 주장했다.

고트프리트 라이프니츠(1646~1716)
독일 철학자이자 수학자. 데카르트와 스피노자와 함께 대륙합리주의를 대표한다. 주요 저서로 《모나드론》, 《형이상학 서설》, 《신인간지성론》 등이 있다.

세계는 신의 예정 조화*다.

불협화음으로서의 인재(人災)와 천재(天災)

이 주장에 대해서는 당시 여러 비판이 있었다. 대표적으로 계몽사상가 볼테르(1694~1778)의 〈리스본 재앙에 관한 시〉이다. 우연히 발생한 자연재해로 무고한 사람들이 목숨을 잃는다면 이것이 과연 신의 바람인 것인가.

이에 대하여 라이프니츠는 음악의 불협화음에 빗대어, 인간의 관점에서는 불행으로 여겨지는 일이어도 신의 장기적인 관점에서 본다면 분명 의미 있는 일이라고 이야기했다.

> 무언가 괴로운 일이 일어났다면
>
> 신이 선택한 최선의 세계이기에 반드시 의미가 있을 것이다.

* 우주는 인간이 다 헤아릴 수 없는 신의 뜻에 따라 모든 것이 조화롭게 이루어지도록 예정되어 있다는 라이프니츠의 학설.–옮긴이

윅스퀼의 세계

생물 저마다 세계가 있다

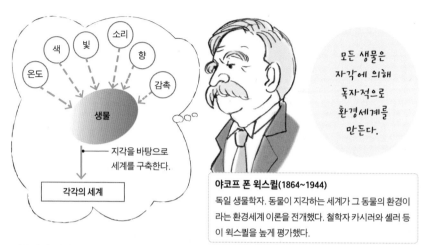

온도 색 빛 소리 향 감촉

생물

지각을 바탕으로
세계를 구축한다.

각각의 세계

모든 생물은
지각에 의해
독자적으로
환경세계를
만든다.

야코프 폰 윅스퀼(1864~1944)
독일 생물학자. 동물이 지각하는 세계가 그 동물의 환경이
라는 환경세계 이론을 전개했다. 철학자 카시러와 셸러 등
이 윅스퀼을 높게 평가했다.

생물마다 세계는 다르다

독일 생물학자 윅스퀼은 '환경세계(움벨트)'라는 개념을 제창했다. 모든 생물은 그 종이 갖춘 감각 기관
에 알맞은 세계에 살고 있다. 능력이 다르다면 서로 다른 환경에서 살게 된다. 그 감각 기관에 대응하여
펼쳐진 세계가 환경세계다.

개는 시력이 0.2~0.3 정도이기
때문에 개의 환경세계는 모든 것이
흐릿하다. 하지만 다채로운 소리와
향기로 가득 차 있다.

개의 환경세계는?

개의 후각은 인간을 크게 능가하며, 개의 청각은 인간이 들을 수 없는 초음파도
들을 수 있다. 반면 개의 시각으로는 인간만큼 색채가 풍부한 세계를 볼 수 없
다. 즉 윅스퀼에 따르면, 개의 환경세계는 인간의 환경세계보다 색채는 빈약하
지만 풍요로운 소리와 냄새로 가득 차 있다.

동물을 싫어하는 사
람에게

생명체의 수만큼 세계
가 존재한다는 사실을
기억하라.

인간은 진보하고 있을까?

차가운 사회 = 미개하나 안정적이다.

뜨거운 사회 = 편리성은 높으나 불안정하다.

레비스트로스는 계급 사회가 원시 사회보다 진보하고 있다고 생각하지 않았다.

문화 인류학자 레비스트로스*는 일찍이 '차가운 사회'와 '뜨거운 사회'라는 대비 개념을 제창했습니다. 차가운 사회란 모든 원시 사회를 가리킵니다. 차가운 사회의 특징은 매우 먼 과거의 생활 조건과 비슷한 상태에 머물러 있다는 것입니다. 반면 뜨거운 사회는 대체로 우리가 사는 사회에 해당합니다. 뜨거운 사회의 특징은 계급이 차례차례 분화하며 끊임없이 새로운 문화가 탄생한다는 점입니다.

그러나 이는 이념일 뿐 이와 같은 사회가 현실에 존재하는 것은 아닙니다. 또한 레비스트로스는 어느 쪽이 '진보'한지 우열을 가릴 수 없다는 점을 강조했습니다. 우리는 진보를 훌륭하다고 생각하기 쉽습니다. 하지만 원시 사회는 생활이 안정적이라는 큰 이점이 있고 그에 비해 계급 사회는 끊임없이 변화를 추구하는 매우 불안정한 상태라고 말할 수 있습니다.

그렇다면 진보란 무엇일까요? 또 진보는 무조건 좋은 것일까요?

* 클로드 레비스트로스(1908~2009)는 프랑스 사회인류학자이자 민족학자이다. 일반적인 의미에서의 구조주의 창시자로 주목받았다.

5
진보

일신교의 진보

지상의 인간은 진보하지 않는다

신은 인간을 낙원에서
지상 세계로 추방했다.

지혜의 열매를 먹은 인간은
타락의 길을 걸었다.

인간은 처음부터 타락해 왔다

《구약 성서》에 따르면 신은 천지창조 후 아담과 이브라는 남녀의 인간을 창조하고, 그들과 함께 에덴 동산에서 살기 시작했다. 그러나 인간은 신과의 약속을 어기고 지혜의 열매를 먹고 말았고(원죄), 이에 격노한 신이 인간을 낙원에서 추방했다. 그리하여 지상에서 인간의 역사가 시작되었다. 성서에서는 인간의 수가 증가함에 따라 인간은 점점 타락과 퇴보의 길을 걷는다고 가르친다.

지상 세계는 힘들고
괴로운 것이다.

신은 진화도 창조했다

인류가 더듬어 찾아가는 이 과정의 최종 목적지가 바로 '최후의 심판'이다. 그때 모든 역사는 끝을 맞이하고, 심판을 통해 구원받은 자만이 천국에서의 삶이 허락된다. 요컨대 일신교(유대교, 그리스도교, 이슬람교)의 세계에 진보는 존재하지 않는다. 혹은 우리에게 진보로 보이는 것은 모두 신의 계획일지도 모른다. 어느 쪽이든 지상 세계는 천국에 비해 덧없고 약하며 죄로 가득하다.

> **괴로운 현실에 한숨짓는 친구에게**
>
> 신은 진화도 창조하고 있습니다. 포기하지 마세요.

칸트의 진보

계몽을 통해 진보할 수 있다

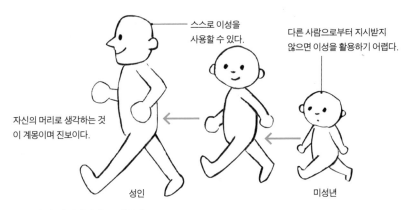

스스로 이성을 사용할 수 있다.

다른 사람으로부터 지시받지 않으면 이성을 활용하기 어렵다.

자신의 머리로 생각하는 것이 계몽이며 진보이다.

성인

미성년

인간성의 완성이야말로 진보다

앞에서 보았듯 칸트가 살던 18세기는 '계몽 시대'라고 불렸다. 과학을 비롯한 학문이 진보하고 생활이 개선되어 더 나은 사회가 실현되어 가는 시대였다. 그것을 실현하기 위해서는 미신을 곧이곧대로 믿지 않고 자신의 머리로 생각하는 훈련이 필요해졌다. 칸트는 그 과정을 '계몽'이라고 주장했다. 계몽을 통해 미성년의 상태에서 성인이 되는 것이 '진보'다.

스스로 선택하고 스스로 통제하는 것이다.

이마누엘 칸트(1724~1804)
독일 철학자. 81쪽 참고.

그리스도교는 퇴보 사관이다. 그런 인생관은 이제 낡았다!

종교로부터 벗어나 진보를 탄생시킨다

또한 계몽 시대는 그때까지 이어지던 그리스도교 중심의 가치관과 결별하는 시대이기도 했다. 그리스도교의 퇴보 사관 대신 계몽에 의한 단계적 발전을 바탕으로 한 이상주의 성격을 띤 진보 사관이 대두되었다. 칸트보다 조금 이후인 헤겔은 진보 사관에 의거하는 역사를 인간이 정신의 자유를 획득하는 과정이라고 인식했다.

성장이 느껴지지 않는다는 후배에게

자신의 머리로 생각하는 훈련이 중요하다.

아도르노의 진보

진보에는 한계가 존재하며, 진보가 야만을 낳는다

제2차 세계 대전에서 나치에 의한 유대인 학살이 일어났다.

진보는 야만이다.

테오도르 아도르노(1903~1969)
독일 철학자. 마르크스주의와 헤겔의 변증법, 프로이트의 정신 분석의 융합을 시도한 프랑크푸르트학파의 한 사람. 저서로 막스 호르크하이머와 공저한 《계몽의 변증법》이 유명하다.

진보하면 야만이 된다

독일 철학자 아도르노는 계몽이 진행되고 문명이 진보할수록 결국 인류는 야만으로 되돌아간다고 주장했다. 그의 사상의 배경에는 제2차 세계 대전 당시 나치의 유대인 학살에 대한 반성이 있다.

아도르노는 계몽이 진행됨에 따라 이성 또한 충분히 발휘되어 무한한 진보가 가능해져야 하지만, 현실은 그렇지 않다고 말했다. 계몽을 바탕으로 한 이성의 진보에는 한계가 있는 것이다.

착!

목적 달성을 위한 도구가 된 이성으로 통솔한다.

이성의 종말에 전체주의가 탄생한다.

독재자

이성이 전체주의를 낳는다

아도르노는 이성이 '외적 자연'*을 정복한 후에는 인간의 '내적 자연'** 정복으로 나간다고 말했다. 즉 이성은 인간에 의한 인간 정복의 도구가 된다. 그렇게 되면 인간은 사물과 동일한 수준의 관리와 지배의 대상으로 전락한다. 이러한 이성의 종말에 전면적인 획일화, 전체주의라는 폭력이 발생한다는 것이 아도르노의 진단이었다.

> 스스로 대단하다고 자만하는 친구에게
>
> 무한한 진보는 없다. 이성을 다스리는 방법을 깨우치자.

＊ 외적 자연이란 인간의 외부 세계로 확장되는 환경으로서의 세계를 의미한다.
＊＊ 내적 자연이란 인간 내면의 본성이라는 의미에서의 자연을 말한다.

인류의 역사란 무엇일까?

70억 명(21세기)　　20억 명(20세기)　　10억 명(19세기)

3.5배　　　2배

이대로라면 인류의 미래는 없는 것 아닐까?

인류의 역사를 인구 추이의 측면에서 보면 현저한 변화가 나타난 시기는 18세기 산업 혁명부터입니다. 19세기 초 약 10억 명이던 세계 인구는 그 후 엄청난 속도로 증가했습니다. 20세기 초 20억 명이 되고 20세기 말에는 60억 명이 되더니 그로부터 10년 남짓 지난 21세기에는 70억 명을 돌파했습니다. 특히 최근 100년의 인구 증가 추세를 보면 눈이 번쩍 뜨일 정도입니다.

이처럼 인류라는 단 한 종의 생명체가 지구에 넘쳐흘러 환경 파괴가 가속되고 있습니다. 그 속도는 지구의 자원을 고갈시킬 수 있을 정도이며, 이미 1960년대 후반에 설립된 로마클럽˚은 인류의 미래가 21세기까지 버티지 못한다고 예측하여 화제가 되기도 했습니다.

다행히 로마클럽의 예측은 빗나갔지만 인류의 역사에 위기가 찾아올 것이라는 예견에는 변함이 없습니다. 이렇게 과학이 예측하는 인류의 역사에는 꽤 비참한 미래가 기다리고 있습니다만, 애초에 철학자들은 역사라는 것을 어떻게 사고해 왔을까요?

˚ 1968년 설립된 인류와 지구의 미래를 연구하는 세계적인 비영리 단체. 1972년 경제성장이 환경에 미치는 부정적 영향을 다룬 《성장의 한계》를 발간했다.

헤겔의 역사

역사는 자유 의식이 발전하는 과정이다

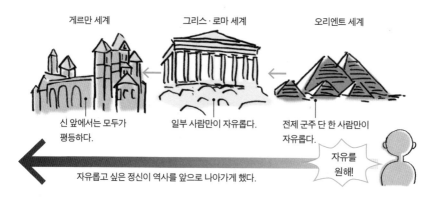

게르만 세계

그리스·로마 세계

오리엔트 세계

신 앞에서는 모두가 평등하다.

일부 사람만이 자유롭다.

전제 군주 단 한 사람만이 자유롭다.

자유를 원해!

자유롭고 싶은 정신이 역사를 앞으로 나아가게 했다.

역사는 자유 의식의 진보다

철학에서 역사를 본격적으로 다룬 사람은 독일 철학자 헤겔이다. 그는 세계사를 고찰하는 데 '자유 의식'의 진보를 중요하게 생각했다. 헤겔에게 자유란 타자에게 있으면서 자기 자신에게도 있는 것이었다.

프랑스 혁명으로 쿠데타를 일으켜 봉건 제도를 무너뜨렸으나, 서서히 짙어지는 독재에 대한 욕망과 러시아 원정의 실패 등을 계기로 실각되었다.

나폴레옹

입헌군주제 국가 프로이센*의 자유 실현과 역사의 완성에 도움을 주었다.

비스마르크

게오르크 빌헬름 프리드리히 헤겔(1770~1831)
자신의 정신(자아)을 중심으로 모든 대상을 바라본 독일 관념론 철학을 완성한 인물. 자아를 국가와 역사에 확장하려고 시도했으며, 마르크스에게 영향을 주었다.

역사는 프로이센에서 완성한다?

자유 의식의 실현은 프랑스 혁명부터 본격화되었으나, 이전부터 이어진 가톨릭 가치관이 남아 있었기 때문에 전면적인 실현에는 이르지 못했다. 헤겔은 개신교 국가인 프로이센이야말로 그 성과를 이어받아 자유 의식의 실현을 가져올 것이라고 기대했다. 그러나 이러한 헤겔의 역사관은 서양이라는 구조에 갇혔다는 결정적인 한계를 지녔다.

> **역사 공부를 싫어하는 아들에게**
>
> 과거 사람들이 자유를 추구해 왔다는 역사관을 갖고 공부하면 역사는 재미있을 거다.

* 프로이센은 1701년에 성립된 왕국이다. 영토는 현재 독일 북부에서 폴란드 서부에 이르는 지역이었다.

마르크스의 역사

생산 양식의 변화로 인류사를 이해한다

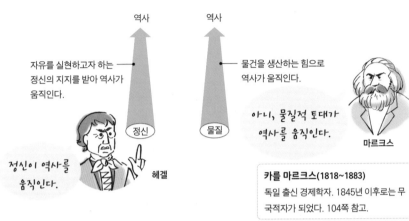

자유를 실현하고자 하는 정신의 지지를 받아 역사가 움직인다.

물건을 생산하는 힘으로 역사가 움직인다.

정신

물질

아니, 물질적 토대가 역사를 움직인다.

마르크스

정신이 역사를 움직인다.

헤겔

카를 마르크스(1818~1883)
독일 출신 경제학자. 1845년 이후로는 무국적자가 되었다. 104쪽 참고.

104쪽 참고.

헤겔 사상은 물구나무를 서 있다

마르크스는 헤겔의 역사 사상(115쪽)을 '물구나무를 서 있다'고 비판했다. 마르크스는 의식, 정신, 문화 등 모든 인간의 행위는 물질적 토대에 의해 유지되고 있다고 생각했다. 마르크스의 유물론 즉 공산주의 사상은 여기에서 시작한다. 마르크스는 의식과 정신을 중시하는 헤겔이 사물을 무시한다는 점에서 '물구나무 서 있다'고 표현했다.

모두 평등해! 마르크스는 공산주의가 역사의 완성이라고 생각했다.

인류 역사의 종착점은 공산주의

마르크스는 생산 양식의 변화라는 관점에서 헤겔의 역사에 관한 도식을 새롭게 정비했다. 그에 따르면 생산 양식은 역사적으로 원시 공동체, 고대 노예제, 근대 자본제, 공산주의제라는 다섯 과정을 거친다.

마르크스는 현재 자본제의 단계에 있지만, 자본제라는 체제는 자본가와 노동자의 모순이라는 결정적 결함을 잉태하고 있어 미래에는 공산주의, 즉 사회주의로의 전환이 불가피하다고 생각했다.

장인의 기질을 보이는 친구에게

역사를 바꿀 수 있는 물건을 만들어 보자.

5

역사

카시러의 역사

역사에 객관적 진리는 존재하지 않는다

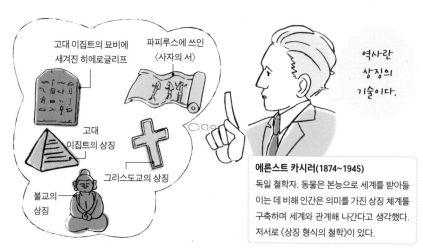

고대 이집트의 묘비에 새겨진 히에로글리프

파피루스에 쓰인 〈사자의 서〉

고대 이집트의 상징

그리스도교의 상징

불교의 상징

역사란 상징의 기술이다.

에른스트 카시러(1874~1945)
독일 철학자. 동물은 본능으로 세계를 받아들이는 데 비해 인간은 의미를 가진 상징 체계를 구축하며 세계와 관계해 나간다고 생각했다. 저서로《상징 형식의 철학》이 있다.

모든 역사는 지금부터 기술될 수밖에 없다

모든 역사는 더 이상 존재하지 않는 과거의 이야기다. 따라서 역사를 기술하는 행위는 기록하는 자가 존재하는 현재를 기점으로 하여 거슬러 올라가지 않을 수 없다. 따라서 기술된 과거는 당연히 있는 그대로의 과거일 수 없다. 카시러는 이와 같이 기술된 사건의 총체를 '상징의 세계'라고 불렀다. 인간은 언어, 문화부터 역사까지 모든 것을 상징으로 번역(기호화)하여 기술하고, 수용하고, 기억해 간다.

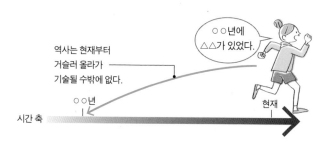

역사는 현재부터 거슬러 올라가 기술될 수밖에 없다.

○○년에 △△가 있었다.

○○년

현재

시간 축

역사 전체를 부감할 수 없다

과거가 지금으로부터 소급한 기록이라는 사실은 오늘날 서사학*이라고 불리는 학문 분야의 대전제가 되고 있다. 과거를 기술하는 행위는 과거에 대한 이야기 외에는 불가능하다. 이야기이기 때문에 객관적 진리성을 요구할 수도 없다. 무엇보다 역사를 전체적으로 한눈에 내려다보는 시점은 존재할 수 없다. 우리는 자신이 살아가는 시대의 관점에서 그때그때의 역사에 대한 상징을 그릴 뿐이다.

> **역사의 진실을 알고 싶어 하는 학생에게**
>
> 역사를 있는 그대로 돌이켜 보는 것은 불가능하다.

---

* 서사학은 일반적으로 서술하는 내용의 유형에 중점을 두는 방식과 표현 형식에 주목하는 방식으로 구별되는데, 최근에는 역사 서술에 내포된 서사성에 주목하는 논의가 등장하고 있다.

유럽이 세계의 중심일까?

?

앞으로 세계의
중심은 어디로….

16세기 이후 유럽이 세계의
중심이 되었다.

16세기 이전 세계의 중심은 아시아였다.

중세시대를 지나며 유럽과 아시아의 지위가 역전되었다.

오늘날 우리에게 친숙한 유럽의 모습은 16세기 대항해 시대 이후의 모습입니다. 당시 아메리카의 발견과 비그리스도교 지역에의 포교 활동 등을 통해 지구상에 유럽의 흔적이 새겨지게 되었습니다. 그러나 조금만 시간을 더 거슬러 올라가면 결코 유럽은 세계의 중심이 아니었습니다.

13세기 후반 폴란드와 헝가리는 칭기즈 칸과 그의 손자 바투가 이끄는 몽골 제국에 의해 정복되었습니다. 또한 10세기경 유럽은 십자군 원정을 몇 차례 시도했으나, 초반에만 성과를 올리고 최종적으로는 어쩔 수 없이 퇴각했습니다. 더 이전으로 거슬러 올라가면 이미 5세기에 훈족의 침략을 받아 그 일이 게르만 민족 대이동의 계기가 되었으며, 서로마 제국을 붕괴시키는 간접적인 원인이 되기도 했습니다.

베를린 장벽 붕괴 후 1993년 발족한 유럽 연합(EU)은 벌써 약화 조짐을 보이고 있습니다. 영국이 유럽 연합에서 탈퇴하여 유럽의 통합마저 형세가 위태로워지고 있습니다.

헤겔의 유럽론

유럽은 자유롭고 정통하다

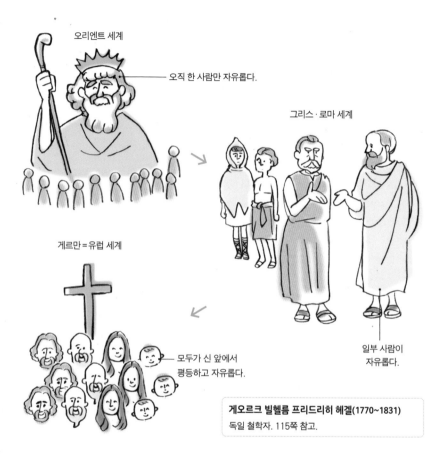

오리엔트 세계

── 오직 한 사람만 자유롭다.

그리스·로마 세계

게르만 = 유럽 세계

── 모두가 신 앞에서
평등하고 자유롭다.

일부 사람이
자유롭다.

게오르크 빌헬름 프리드리히 헤겔(1770~1831)
독일 철학자. 115쪽 참고.

역사의 정통은 유럽

헤겔의 역사관에서 유럽은 게르만 세계와 중첩된다.[*] 헤겔이 역사의 원동력으로 간주한 자유 의식의 진보는 게르만, 즉 유럽 세계에서만 완성을 맞이할 수 있다고 생각했다. 왜 이렇게 말할 수 있었을까?

  헤겔은 자유 의식의 전개를 다음과 같이 생각했다. 먼저 오리엔트 세계에서는 전제 군주 한 명만이 자유를 누릴 뿐이었다. 그리고 그리스·로마에서 자유로운 사람은 일부에 불과했다. 이에 비해 게르만 시대에는 그리스도교에 의해 모든 사람이 자유를 인식할 수 있게 되었다. 또한 헤겔은 유럽의 자유 의식을 전 세계에 알려야 한다고 주장했다.

> 유럽을 여행하는 아
> 들에게
>
> ─────────────
>
> 본고장의 자유를 느끼
> 고 오거라.

[*] 헤겔은 세계사의 전개 과정을 오리엔트 세계, 그리스·로마 세계, 게르만 = 유럽 세계의 3단계로 나누어 고찰했다.

사이드의 유럽론

동양(오리엔트)을 지배하려 했다

동양이라고 하나로 묶어 이미지를 형성했다.

동양을 향한 시선이 유럽의 제국주의를 낳았다

'오리엔탈리즘'이란 원래 예술에서 동방 취미나 학문 연구를 가리키는 단어였다. 그러나 사이드는 오리엔탈리즘을 유럽이 동양을 형상화하는 특정한 사고방식을 가리키는 전문 용어로 이용했다.

서양은 스스로를 동양과 다른 존재로 인식할 뿐 아니라, 동양을 지도하는 위치를 자처하고 정신적 우위에 서려고 했다.

오리엔탈리즘은 서양이 동양을 지도하는 입장에 있다는 식민지 주의적 사고를 탄생시켰다.

서양

동양

오리엔탈리즘은 제국주의를 유도했다.

에드워드 사이드(1935~2003)
팔레스타인 출신 미국인 비평가. 아시아에 대해 서양이 부여한 낭만적인 이미지가 제국주의를 슬그머니 정당화했다고 주장한 《오리엔탈리즘》이 유명하다.

차이와 차별

사이드는, 동양이라는 이미지가 실제로 그 단어가 가리키는 지역에 사는 사람들의 현실과 관계없이 증식하여 오리엔탈리즘으로서 유통되고 있다고 지적했다.

동양과 서양은 명백히 다르다. 그런데 다르다는 차이 의식은 때때로 우열이라는 차별 의식으로 슬쩍 바뀌는 경향이 있다. 우리는 자칫하면 가치 판단이라는 색안경을 끼고 대상을 바라보게 된다.

다른 문화와 마주했을 때는

표면적인 이미지만으로 판단하는 것은 금물!

데리다의 유럽론

유럽은 세계의 중심이 아니다

베를린 장벽 붕괴　　　　걸프 전쟁　　　　유럽 연합 발족

유럽기

쿠웨이트 유전 화재

유럽이 크게 동요하다

20세기 후반 유럽에는 커다란 변화가 일어났다. 페레스트로이카와 구소련 붕괴, 동유럽 민주화, 베를린 장벽 붕괴, 동서 독일의 재통일, 걸프 전쟁, 유럽 연합의 발족과 같은 사건이 연달아 발생했다.

　이렇게 격변하는 상황에서 유럽이 세계에서 어떠한 위치에 서야 할지를 모색한 것이 데리다의 작품《다른 곳》이다.

유럽은 대륙의 서쪽 끝에 위치한다.

유럽은 하나의 곳에 불과하다.

자크 데리다(1930~2004)
프랑스 철학자. 99쪽 참고.

과거의 유럽은 이미 과거의 존재다

유럽은 유라시아의 서쪽 끝(곳)에 불과한 지역임에도 세계의 정신적 지도자라는 이미지를 스스로 품고 있다.

　데리다는 자기중심주의로 굳어 버린 역사를 단순히 긍정하지도 부정하지도 않으며, 현대 유럽인들이 유동적으로 흔들리는 유럽을 어떻게 마주해야 하는지 물음을 던졌다.

나이 들어 가는 완고한 아버지에게

현재의 자신을 직시하고 가족들과 잘 어울렸으면…

동양 사상과 철학

철학이란 눈에 보이지 않는 원인을 찾아내는 것이 아니라 세계를 있는 그대로 이해하려는 시도로, 고대 그리스에서 탄생한 특수한 사고 양식입니다. 하지만 인생에 교훈을 주는 의미의 철학은 동서고금을 막론하고 모든 곳에서 찾아볼 수 있습니다. 동양에서 탄생한 불교에도 철학적 테마가 있습니다.

붓다의 원시 불교는 이미 75쪽에서 소개했으므로, 이번에는 일본의 불교에 관해 이야기해 보겠습니다. 대륙을 거쳐 일본에 불교가 전래된 시기는 6세기 중반입니다. 당시 일본의 불교는 널리 중생의 구제를 추구하는 가르침인 대승 불교였는데, 일본에서는 승려가 공무원과 같은 대우를 받았다는 사실에서도 알 수 있듯 조정과 귀족을 섬기는 것이 그들의 사명이었습니다. 그 과정에서 생겨난 편향적인 태도를 비판하고 대승 불교의 본래 가르침으로 되돌아가자고 제창하는 몇 개의 유파가 이후에 등장했습니다. 대표적인 유파가 정토종입니다. 정토종의 개조(開祖)인 승려 호넨은 원래 히에이산의 엔랴쿠지에서 수행에 몰두하고 있었으나, 중생을 구제하기 위하여 산에서 내려왔습니다. 《정토교》에는 아미타여래의 신불에게 발원하는 이야기가 실려 있습니다. 깨달음을 얻고 나면 자신을 믿는 모든 백성을 자신이 사는 극락정토로 불러들이겠다고 소원을 빌었던 아미타여래의 힘에 의지하여 극락왕생*을 지향한다는 타력(86쪽)의 사상이 정토교의 근간입니다. 호넨의 제자이자 정토진종을 설파한 승려 신란과 비슷한 시기에 활동한 승려 잇펜이 일본 정토계 불교의 대표 격입니다. 물론 붓다가 그랬던 것처럼 출가하고 수행하여 깨달음을 얻는 것이 왕도라는 주장도 있습니다. 비슷한 시기에 타력의 반대인 자력을 이야기한 사람이 조동종의 개조인 도겐입니다. 이 시대 이렇게 큰 변화의 폭이 나타났다는 점이 신불교의 특징입니다.

[한국 불교는 삼국 시대 고구려 소수림왕 2년인 372년에 중국 전진(前秦)의 왕 부견(符堅)이 사절과 승려 순도(順道)를 보내 불상과 경문 등을 전달하면서 시작되었습니다. 삼국 중 가장 불교를 늦게 받아들인 것은 신라로, 이차돈(異次頓)의 순교로 인해 불교가 공인된 뒤 호국불교의 성격을 띠게 되었고 점차 백성들 사이에서도 뿌리내리게 되었습니다. 통일 신라 시대에는 원효대사(元曉大師, 617~686)가 일심사상(一心思想)과 화쟁사상(和諍思想) 등을 통해 왕실 중심의 불교를 민중 불교로 전환시켰고 고려 때에는 지눌(知訥)(1158~1210)이 교종과 선종을 통합함으로써 한국 조계종의 사상적 기초를 수립했습니다. 조선시대에는 숭유억불 정책에 따라 사원이 축소되는 등 사회적 영향력이 줄어들었으나 왕실과 사족을 중심으로 불교 신앙이 지속되었고 불서의 간행도 활발히 이루어졌습니다.**]

나무아미타불

붓다

염불을 외우면 극락정토에 왕생할 수 있다고 믿었다.

* 원래 왕생이란 이 세상을 벗어나 정토로 향해 나아가고 그곳에서 다시 태어나 깨달음을 추구하는 것을 의미한다.
** 한국 불교에 관한 대괄호([ ]) 안 설명은 감수자가 보충하였다.

6장

진리를 생각한다

철학자들은 인식론, 확실성, 진리 등
흑백으로 확실하게 나누기 어려운 물음에도
답을 찾으려 노력했다.

'알고 있다'와 '알고 있다고 생각한다'는 같은 것일까?

나는 무엇이든 알고 있어… 라니, 그게 정말일까?

그리스어 '에피스테메(epistēmē)' 즉 무언가에 대해 올바르게 알고 있는 상태와 '독사(doxa)' 즉 알고 있다고 생각하는 상태는 같은 것일까요, 다른 것일까요?

에피스테메와 독사의 혼동을 문제 삼은 사람이 소크라테스(41쪽)입니다. 당시 아테네는 민주 정치가 시작되면서 변론이 뛰어난 사람들의 의견이 통하는 세상이었습니다. 이러한 상황을 내다보고 아테네를 찾은 사람들의 일부가 소피스트입니다. 그들은 부유층에게 변론술을 가르치고 높은 보수를 받았습니다.

하지만 소피스트의 지식에 의문을 품은 소크라테스는 그들에게 어떤 주제에 대하여 질문을 던졌습니다. 소피스트의 밑천은 풍부한 지식이었기 때문에 어떤 물음에도 바로 대답할 수 있었습니다. 이에 소크라테스는 소피스트의 대답 중 모호한 부분을 짚어 꼬리에 꼬리를 무는 질문을 계속했습니다. 그리고 질문은 대답이 막힐 때까지 이어졌습니다.

결과적으로 소피스트들은 자신들이 박식하다는 생각이 잘못되었음을 깨달았습니다. 이것이 바로 무지의 지입니다.

플라톤의 이데아론

올바른 지식은 이데아로서 존재한다

나는 알지 못한다.

소피스트들은 내가 모든 것을 알 리가 없다는 사실을 알지 못한다.

소크라테스는 나는 알지 못한다는 사실을 알고 있다.

소피스트

소크라테스

소크라테스의 질문이 밝힌 의문

소크라테스(41쪽)에 의하여 소피스트마저 올바른 지식이 부족하다는 사실이 밝혀졌다. 그러자 애초에 올바른 지식이 존재하는가에 대해 의심하게 되었다. 나아가 올바른 지식이 존재한다 하더라도 그 진리를 우리가 올바르게 이해할 수 있다는 보장이 있을까?

이 문제에 대답하기 위하여 플라톤은 '이데아론'을 고안했다.

플라톤(기원전 427~기원전 347)
고대 그리스 철학자. 27쪽 참고.

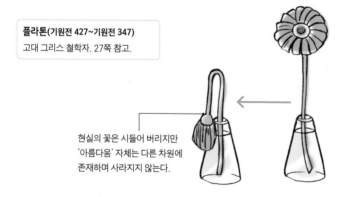

현실의 꽃은 시들어 버리지만 '아름다움' 자체는 다른 차원에 존재하며 사라지지 않는다.

올바른 지식은 이데아다

꽃병에 아름다운 꽃이 꽂혀 있다. 일주일이 지나면 꽃은 시들어 버린다. 하지만 누구도 꽃의 아름다움이 시들었다고 말하지 않는다. 여기에서는 꽃이 구현한 아름다움 자체라는 진리가 이데아다.

플라톤은 이데아야말로 각 사물의 진리성을 담당하는 지주이며, 그것에 의하여 우리의 진리 인식이 보장된다고 말했다.

나이 드는 것을 두려워하는 사람에게

당신이 지닌 아름다움의 본질은 아무것도 바뀌지 않는다.

칸트의 인식론

인간은 진리를 인식할 수 없다

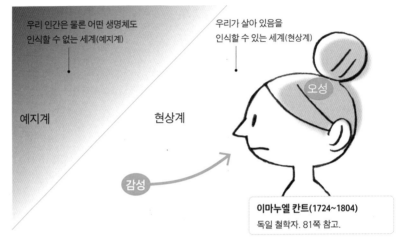

우리 인간은 물론 어떤 생명체도
인식할 수 없는 세계(예지계)

우리가 살아 있음을
인식할 수 있는 세계(현상계)

오성

예지계 현상계

감성

이마누엘 칸트(1724~1804)
독일 철학자. 81쪽 참고.

인식은 감성과 오성이 협동한 산물

칸트에 따르면 우리가 이해하는 행위, 즉 인식은 '감성'과 '오성'의 협력에 의해 가능해진다. 감성이란 쉽게
말하면 오감을 일으키는 눈, 귀, 코, 혀, 피부의 다섯 가지 감각 기관으로 외부 정보의 입력을 담당한다. 반면
오성은 감성이 전달하는 정보를 정리하고 구성하여 무엇을 인식하고 있는지 우리에게 알려 주는 능력이다.

인간이 인식하는 세계와
세계 자체의 모습은 다르다.

세계의 진짜 모습
(진리)

감성+오성으로 인식한다.

진리는 각 사물과 구별되어야만 한다

윅스퀼(109쪽)에 따르면 생명체의 감각 능력은 종마다 차이가 있으며, 각 생명
체가 인식할 수 있는 세계가 다르다. 칸트가 말하는 오성 또한 마찬가지다. 칸
트는 인간이 자신의 인식 능력(감성과 오성)에 대응한 세계를 인식하며, 그 세
계에서 살아간다고 생각했다.

　　그렇다면 우리 인간이 인식하는 세계의 모습은 다른 생명체에게는 적용되지
않는다는 이야기이다. 다시 말해 세계 자체의 모습이라는 진리는 결코 손이 닿
지 않는 것이다. 누구도 진리 자체를 인식할 수 없다는 것이 칸트의 결론이었다.

세계를 인식할 수 있
다고 말하는 사람들
에게

진정한 세계를 아는 것
은 불가능하다.

논리 실증주의의 언어관

올바르게 인식할 수 있는지가 문제다

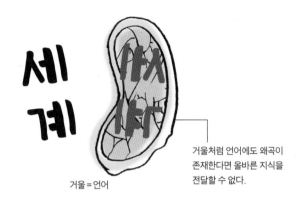

거울 = 언어

거울처럼 언어에도 왜곡이
존재한다면 올바른 지식을
전달할 수 없다.

언어는 세계 자체

사피어와 워프에 따르면 우리의 모든 행위는 언어의 구속을 받는다(51쪽). 소쉬르 또한 언어야말로 우리가 세계를 인식하는 토대라고 말했다(54쪽). 이해하고, 느끼고, 전달하는 우리의 모든 행위에는 언어가 매개해 있다. 다시 말하면 언어는 세계를 비추는 거울이다. 거울에 흠이 있거나 흐리다면 사물을 제대로 비출 수 없다. 언어 또한 왜곡이나 모호함이 있다면 세계의 모습을 바르게 전달하지 못한다. 애초에 올바른 지식을 인식할 수 있는지가 문제 되기 때문이다.

신은 존재한다.

아니야,
존재하지 않아.

현재 기온은
△△℃이다.

일상 언어는
검증할 수 없다.

검증 가능한 과학 언어를
분석하는 것이 목적이다.

일상 언어에서 과학 언어로

이러한 반성을 바탕으로 진리의 인식에서 인식을 담당하는 언어의 분석으로 크게 방향을 돌린 것은 20세기 초반 빈에서 탄생한 논리 실증주의*자들이었다. 그들은 일상 언어의 모호함을 문제시하고, 세계를 그대로 비추는 거울이 될 만한 '과학 언어'를 지향했다.

> **언어 사용이 거친 사람에게**
>
> 언어는 마음의 거울이다. 올바르게 사용하자.

* 논리 실증주의는 비트겐슈타인의 《논리 철학 논고》의 영향을 받아 1929년에 결성한 빈학파의 철학 사상이다. 검증이 불가능한 형이상학은 무의미하므로 검증 가능한 과학을 중시하며, 철학자의 임무는 언어 분석에 있다고 주장했다.

누구나 납득하는 진리는 있을까?

진리는 있다
↓
누가 판단하는가?

진리는 없다
↓
회의주의에
빠진다.

6

진리

양쪽 다 맞는 말 같기도 하고, 틀린 말 같기도 하고….

'진리'를 한마디로 정의하면 언제나, 어디에서나, 누구에게나, 무엇에 대해서나 적용되는 것이라고 할 수 있습니다. 하지만 과연 세상에 그런 것이 존재할까요? 게다가 무언가를 진리라고 주장할 때, 그 내용이 정말 진실인지 즉 앞의 정의와 같이 타당성을 갖는지 누가 판정하는 것일까요?

그렇다고 경솔하게 '진리는 없다'고 단정한다면, 그다음에는 회의주의*라는 수렁이 기다리고 있습니다. 확실한 것이 아무것도 없다고 하면 진위의 결정도 좋고 나쁨의 판단도 불가능해지며, 결과적으로 누가 무엇을 해도 비판할 수 없는 혼란스러운 세상이 되어 버리고 맙니다.

진리가 있다고 단언하는 것도 진리는 없다고 얼버무리는 것 모두 문제입니다. 이렇게 어느 한쪽을 결정하기 어려운 자기모순에 빠지는 상태를 이율배반이라고 합니다.

그렇다면 이런 막다른 골목에서 벗어날 길은 있을까요?

※ 회의주의란 어떤 것도 확실한 것은 없다고 생각하며 모든 것을 의심하는 태도를 말한다.

아리스토텔레스의 진리

사고와 존재의 진위가 일치할 때 진리가 된다

실체가 존재하지 않기 때문에
B가 존재한다는 사고는 거짓이다.

실체가 존재하기 때문에
A가 존재한다는 사고는 진실이다.

진리 대응설

아리스토텔레스는 실체는 존재하지 않지만 사고가 존재하는 상태를 '거짓'이라고 했다. 그에 따르면 신 또한 거짓이 되기에 중세의 철학자들은 신의 존재를 증명하기 위해 엄청난 노력을 쏟아부었다.

> **아리스토텔레스(기원전 384~기원전 322)**
> 고대 그리스 철학자. 63쪽 참고.

사고＼실체	존재한다	존재하지 않는다
존재한다	진실	거짓
존재하지 않는다	거짓	진실

신은 정말 존재할까?

사고와 존재가 대응할 때 진리가 된다

아리스토텔레스는 논리학을 창설한 것으로도 알려져 있다. 그의 논리학은 우리의 다양한 판단을 형식적으로 정리하여 어떠한 상황에서 임의의 판단이 진실이 되고 거짓이 되는지를 명확하게 하기 위한 의도로 만들어졌다.

그렇다면 진실이 되는 상황은 어떤 경우일까. 예를 들어 A라는 실체가 존재할 때, 실체 A가 존재한다는 사고는 진실이 되고, 실체 A는 존재하지 않는다는 사고는 거짓이 된다. 반대로 존재하지 않는 실체 B에 대해 실체 B는 존재하지 않는다는 사고는 진실이며, 실체 B는 존재한다는 사고는 거짓이 된다. 이처럼 사고와 존재의 진위가 일치하는 경우, 그것을 진리라고 판단하는 사고방식이 진리 대응설이다.

> **무엇이 진실인지 알지 못하겠다면**
> 존재하기 때문에 비로소 진실이 된다.

라이프니츠의 진리

사실 진리와 이성(영원) 진리가 있다

하늘은 파랗다는 명제는 사실 진리다.
그러나 하늘은 파랄 때도 있지만
잿빛일 때도 있다.

진리는 판단에 따라 결정된다

라이프니츠는 진리 대응설의 핵심은 사고 내용을 표현하는 일정한 형식 즉 '판단'에 있다고 생각했다. 사고의 진위와 존재의 진위가 일치하는지를 확인할 것도 없이 표현 형식을 확인한다면 진위 여부는 자연스럽게 결정된다고 말했다.

라이프니츠는 '하늘은 파랗다'처럼 그것을 부정해도 모순에 빠지지 않는 진리를 '사실 진리'라고 부른 반면, 수학적 진리처럼 그것을 부정하면 모순에 빠지는 진리를 '이성(영원) 진리'라고 불렀다.

신의 진리와 피조물의 진리

이성(영원) 진리는 필연적이어서 그 반대는 불가능하다. 라이프니츠는 그 이유를 이성(영원) 진리가 신에게 유래한 진리이기 때문이라고 생각했다. 이에 반해 사실 진리는 우연한 것이어서 그 반대도 가능하다. 라이프니츠는 사실 진리를 피조물 차원에서의 진리로 간주하는 것이 좋다고 생각했다.

수학적 진리는 언제나
변하지 않는다.

$1+1=2$

이성(영원) 진리
진리는 변하지
않는다!

고트프리트 라이프니츠(1646~1716)
독일 철학자이자 수학자. 108쪽 참고.

'진실한 사랑은 있을
까'라는 질문에

진실한 사랑은 있지만,
어떻게 받아들이는가에
따라 달라진다.

니체의 진리

진리는 인간이 마음대로 만들어 낸 것이다

돌고래잡이 금지
가 진리가 된다.

'머리가 좋고 귀여운 돌고래' → '돌고래는 고등동물' →
'돌고래는 보호 대상이다'와 같이 확대 해석하고 가치를 부여한다.

진리란 상황에 유리하게 확대 해석한 것

사람은 누구나 사물을 바라보는 자신의 방법이 보편적이라고 생각하기 쉽다. 그렇게 한편으로 치우친 시야를 그대로 확장하여 자신의 상황에 맞추어 재해석하고 가치를 부여하는 태도를 니체는 '관점주의(원근법주의)'라고 불렀다. 니체는 우리가 자명하다고 생각하는 모든 것이 관점주의에서 탄생한 가치에 불과하며, 결코 보편적 진리라고 할 수 없다고 말했다.

> **프리드리히 니체(1844~1900)**
> 독일 철학자. 60쪽 참고.

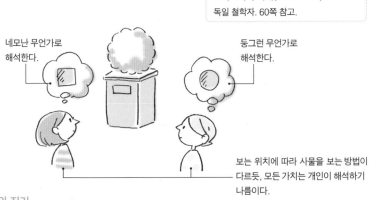

네모난 무언가로
해석한다.

둥그런 무언가로
해석한다.

보는 위치에 따라 사물을 보는 방법이
다르듯, 모든 가치는 개인이 해석하기
나름이다.

관점주의와 진리

진리야말로 관점주의에 의거하여 날조된 가치 중 하나다. 그렇다면 어떠한 방식으로 진리라는 가치가 날조되었는가, 그리고 어떻게 하면 그것을 극복하고 앞으로 나갈 수 있는가. 니체는 만년에 이 주제에 파고들다가 생을 마감하고 말았다.

> **자신만의 방법을 부정
> 당한다면**
>
> 어차피 관점주의니까.

확실한 것은 존재할까?

이제 우리 그만 만나.

만약 회의론자라면 확실한 사랑 따위 없다며 털고 일어났을 텐데….

철학에는 고대 그리스 이후 이어진 회의주의가 있습니다. 회의주의의 시초는 헬레니즘 시대에 활약한 피론*입니다. 회의주의자라는 말을 들으면 확실한 것은 아무것도 없다며 비딱한 태도를 취하는 사람을 떠올릴지도 모릅니다. 하지만 알렉산더 대왕의 동방 원정을 함께하며 동양 철학을 접한 피론은 그런 인물이 아니었습니다.

피론에게 회의주의란 무엇보다 교훈이었습니다. 무언가를 확실하다고 굳게 믿으면, 그것이 부정되었을 때 다시 일어나기 어렵습니다. 모든 생각에는 의문과 반론의 여지가 있습니다. 그렇다면 처음부터 선입견이나 편견을 버리고 모든 것을 있는 그대로 받아들이는 편이 좋습니다.

애초에 우리 인간이 절대적인 진실을 얻을 수 있다는 보장이 없는 이상, 마음을 어지럽히는 원인이 되는 판단 또는 예측을 모두 중단(에포케)하고 마음의 평정(아타락시아)을 지키는 데 주의를 기울이자는 것이 피론이 생각한 회의주의의 요점이었습니다.

* 피론(기원전 360~기원전 270)은 회의주의의 시초가 되는 고대 그리스 철학자다. 알렉산더 대왕의 동정에 동행하여 멀리 인도까지 갔었다고 알려져 있다.

몽테뉴의 확실성

단정을 피하기 위해 음미해야 한다

나는 무엇을 알고 있을까?

끊임없이 자기 음미를 하고자 하는 몽테뉴의 태도에서 무지의 지라는 소크라테스의 가르침이 들리는 듯하다.

올바른 것은 크세주, 즉 나는 무엇을 알고 있는가라는 물음입니다.

미셸 몽테뉴(1533~1592)
르네상스 시대의 프랑스 철학자. 회의론자로도 알려져 있으며, 인간의 삶의 방식을 탐구하고 역설한 《수상록》으로 유명하다.

확실하지 않다는 것이 확실하다는 모순

몽테뉴는 저작 《수상록》에서 회의주의에 대해 이렇게 서술했다.

모든 대상을 의심하는 회론론자는 확실한 것은 아무것도 없다고 단언함으로써 자신의 주장을 확실하게 믿을 수 있는 것은 존재하지 않는다는 확실한 진리로 만들어 버려 자기모순에 빠진다.

확실한 것은 있다고 주장하는 독단론자도 확실한 것은 없다고 주장하는 회의론자도, 결국 독선적인 단정이라는 오류에 이를 수밖에 없다. 따라서 진정한 회의주의 방식은 나는 무엇을 알고 있는가(크세주, Que sais-je)라는 끝나지 않는 의문형일 수밖에 없다.

확실한 것은 아무것도 없어!

=

○○는 △△야!

회의론자

결국 회의주의자도 독단론자와 같은 독선적인 단정에 불과하다.

독단론자

무어의 확실성

상식 명제의 집합이다

나는 생각한다.
고로 존재한다.

자신에게 자신의 존재는 확실하다

데카르트를 비롯한 지금까지의 여러 철학자는 우리는 자신의 마음의 상태와 관련하여 의심할 여지 없이 이해하고 있으며, 자신에게 자신의 존재는 확실하다고 생각했다. 나아가 그들은 신체와 물체, 과거, 타자 등 외적 상태, 즉 자신의 마음 이외의 대상이 어떻게 인식되는지를 문제 삼았다.

데카르트는 모든 것을 의도적으로 의심하는 방법적 회의의 결과, 자기의식의 존재만은 의심할 여지가 없다는 사실을 깨달았다.

무어는 마음이 아닌 자신의 손을 사용하여 철학자들이 지금까지 제시한 확실성의 기준이 상식에 비추어 얼마나 어리석은지를 지적했다.

이것은
나의 오른손이다!

조지 에드워드 무어(1873~1958)
영국 철학자. 1939년 논문 〈외부 세계에 대한 증명〉에서, 손을 들면서 '여기에 손이 있다'라고 말하면 손의 존재에 대한 증명은 충분하다고 주장했다.

확실함에 대한 기존의 견해는 어리석다

영국의 철학자 무어는 또 다른 시선으로 회의주의에 의문을 나타냈다.

마음이라는 내적 상태의 지(知)는 외적 상태의 지보다 확실하다는 기존 생각에 반박해, 무어는 자신의 오른손을 눈앞으로 들어 보이며 "나는 이것이 나의 오른손이라는 사실을 알고 있다. 이는 틀림없는 진실이다"고 말했다. 이 세상에 확실한 지식이 존재한다는 사실을 보여 준 것이다.

무어는 이러한 '상식 명제'를 수집해 나간다면 세계에 대한 확실한 지식을 이끌어 낼 수 있다고 생각했다.

확증이 필요하다는 말을 듣는다면

상식 명제를 모아 확인하는 것이 중요하다.

비트겐슈타인의 확실성

지식 구조의 형성을 확실히 하는 것에 불과하다

역사적 탐구에 의해
증명되는 사항

역사를 연구할 때 대상이 되는 시대에 대지가 존재했다는
사실은 의심할 여지가 없다. 즉 여기에서 말하는 대지란
역사적 탐구에 의해 증명된 사항이 아니라 없어서는
안 될 토대로서 존재한다.

의심만 해서는
아무것도
할 수 없다.

루트비히 비트겐슈타인(1889~1951)
오스트리아 출신 철학자. 46쪽 참고.

확실성으로서의 대지

무어의 가르침을 받은 비트겐슈타인은 노년에 《확실성에 관하여》라는 초고를 남겼다. 여기에서 말하는 확실성은 의심하지 말아야 할 것이다. 이처럼 비트겐슈타인은 무어의 논의를 확실성의 영역을 제시한 시도로 평가했다.

모를 리가 있나!

비트겐슈타인

오른손이 아프다는
것을 알고 있어.

무어

상식 명제는 지식의 확실성을 보증하지 않는다

비트겐슈타인은 비판도 잊지 않았다. "이것이 나의 오른손이라는 사실을 알고 있다"는 무어의 방식에 비트겐슈타인은 '모를' 가능성이 존재하는 경우에만 의미가 있다고 말했다. 말하자면 '나는 손이 아프다는 사실을 알고 있다'는 말은 아픔을 아는 것은 자기 자신뿐이며, 모를 수도 있기 때문에 난센스와 같이 무의미한 것이다.

　비트겐슈타인은 알다 / 모르다라는 차원보다 아래에 있는, 의심할 수 없는 것으로서의 진리라는 암반을 발견했다.

> 쉽게 의문을 품는 딸에게
>
> 의심할 여지가 없는 진리도 존재하는 거란다.

135

과학은 절대적으로 옳을까?

진리에 대하여

그리스도교의 진리 증명

목성의 위성 발견
금성의 영휴 발견

만유인력의 법칙 발견
세 가지의 운동 법칙 발견

갈릴레이 / 뉴턴

우리는 그리스도교의 진리가 중요하다! 자연 과학? What?

현대를 살아가는 우리에게 당연하게 여겨지는 자연 과학은 사실 18세기 후반부터 19세기에 걸쳐 형성된 새로운 학문 분야입니다.

이전 시대에도 뉴턴이나 갈릴레이라는 과학 역사상 훌륭한 위인들이 있었습니다. 하지만 그들은 우리의 상상처럼 뚜렷한 목적의식, 예를 들어 풍요로운 사회와 자연 환경을 실현하려는 관심에서 연구를 시작한 것이 아닙니다. 그때는 그리스도교 신앙이 많은 부분에 영향을 미치던 시대입니다. 물론 그들 모두 독실한 그리스도교 신자였습니다.

신이 세계를 창조했으므로 그에 합당한 질서가 존재할 것이다, 그 질서 즉 자연법칙의 해석은 말 그대로 신의 창조 행위의 위대함을 실증하려는 행위라고 생각했습니다. 그들은 이처럼 그리스도교의 진리를 증명하기 위해 연구에 매진한 것입니다.

물론 그들의 연구 내용까지 문제라는 것은 아닙니다만, 뒤집어 보면 현대 과학의 측면에서 보편적으로 옳다고 확정한 것도 아닙니다.

포퍼의 과학론

과학은 반증되지 않은 잠정적 진리다

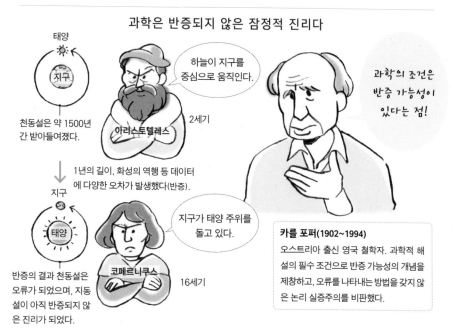

태양

지구

천동설은 약 1500년
간 받아들여졌다.

아리스토텔레스

하늘이 지구를
중심으로 움직인다.

2세기

과학의 조건은
반증 가능성이
있다는 점!

1년의 길이, 화성의 역행 등 데이터
에 다양한 오차가 발생했다(반증).

지구

태양

코페르니쿠스

지구가 태양 주위를
돌고 있다.

16세기

반증의 결과 천동설은
오류가 되었으며, 지동
설이 아직 반증되지 않
은 진리가 되었다.

카를 포퍼(1902~1994)
오스트리아 출신 영국 철학자. 과학적 해
설의 필수 조건으로 반증 가능성의 개념을
제창하고, 오류를 나타내는 방법을 갖지 않
은 논리 실증주의를 비판했다.

과학 이론의 검증과 반증

과학 이론의 타당성은 어떻게 보증되는 것일까. 보통 실제 관측이나 실험 결과를 확인하는 과정을 통해
뒷받침된다고 생각한다. 하지만 이에 의문을 갖고 바라본 사람이 포퍼이다.

현시점의 검증은 지금까지 축적되어 온 과거의 데이터나 이론을 바탕으로 실행된다. 따라서 이론의 타당
성이 보증된다고 하더라도 앞으로도 계속 유지된다고 할 수 없다. 만일 검증 과정에서 한 번이라도 다른 결과
가 도출된다면, 그때부터 기존의 이론 또한 오류가 된다. 이를 '반증'이라고 한다.

비과학 = 반증 불가능한 이론

과학 = 잠정적인 이론

오컬트   사회 과학   종교   철학   화학   천문학   물리학   의학

과학적 사실은 잠정적 진리

포퍼에 따르면 모든 과학 이론은 반증 가능성을 가진다. 따라서 과학 이론에
는 발전 가능성이 존재한다. 반대로 말하면 포퍼는 반증 가능성이 없는 이론은
과학일 수 없다고 생각했다. 그런 의미에서 정신 분석학도 마르크스주의도 유
사 과학인 것이다. 이렇듯 포퍼는 과학 이론을 아직 반증되지 않은 진리로 간
주하는 반증 가능성 이론을 제창했다. 이에 따르면 과학적 사실은 어디까지나
잠정적 진리인 것이다.

**과학을 전공하는 학
생에게**

반증 가능성이 있는 이
론이야말로 과학이며,
모든 것은 잠정적 진리
에 불과하다.

핸슨의 과학론

의심하기 시작하면 끝이 없다

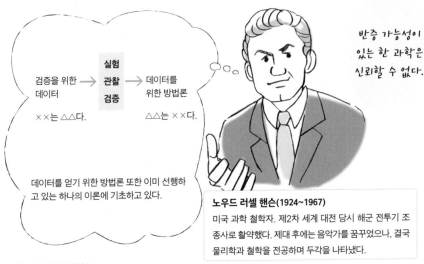

검증을 위한 데이터
실험 관찰 검증 → 데이터를 위한 방법론
××는 △△다. △△는 ××다.

데이터를 얻기 위한 방법론 또한 이미 선행하고 있는 하나의 이론에 기초하고 있다.

반증 가능성이 있는 한 과학은 신뢰할 수 없다.

노우드 러셀 핸슨(1924~1967)
미국 과학 철학자. 제2차 세계 대전 당시 해군 전투기 조종사로 활약했다. 제대 후에는 음악가를 꿈꾸었으나, 결국 물리학과 철학을 전공하며 두각을 나타냈다.

과학에서 데이터란?

반증에 기반한 과학론을 전개한 포퍼는 그래도 과학 이론의 진보를 신뢰했다. 이러한 신뢰마저 정면으로 부정한 사람이 핸슨이다.

    과학 이론을 검증하는 토대가 되는 데이터란 무엇일까? 데이터 자체는 과거의 관찰, 관측, 실험에 의해 도출되는 것이다. 그러면 관측 등의 방법론이 옳다는 사실은 무엇이 보증할까? 역시 이전에 선행하는 과학 이론이 토대가 된다고 할 수밖에 없다.

상대성 이론을 뒤집으면…. → 만약 빛의 속도에 변화가 있다면? → 모든 이론이 붕괴된다.

빛의 속도는 불변이 기본이다.

과학의 존재를 흔드는 이론 부하성

위와 같은 과정으로 생각하면 모든 과학 이론의 타당성에 대한 증명은 무한히 거슬러 올라갈 것이다. 모든 이론은 선행하는 과학 이론이 존재하기에 가능하다는 것을 핸슨은 '이론 부하성'이라고 불렀다. 결국 검증의 토대가 되어야 하는 데이터의 객관성은 뒷받침되지 않고, 과학의 객관성이라는 명분 자체가 흔들리고 마는 것이다.

> 과학을 전공하는 학생에게
>
> 이론 부하성에 따르면 순수하게 객관적인 과학 이론은 없다.

캉길렘의 과학론

과학적 타당성과 건강한 느낌은 일치하지 않는다

건강해!

힘들어.

같은 38도 열이라도
증상에는 차이가 난다.

건강에는
개인차가 있다.

조르주 캉길렘(1904~1995)
프랑스 과학 철학자. 생명을 물리적 표상으로
환원하는 기계론을 비판함과 동시에 정상과
비정상이라는 개념에 의문을 품고 역사적 측
면에서 의학에 접근하려고 시도했다.

건강이란 무엇인가

캉길렘은 의학의 측면에서 과학에 대한 의문을 제시했다. '건강'의 기준은 어디에 있을까? 건강을 정상적인
상태로 보는 제도적 규범에 기초한 판단에 불과한 것은 아닐까? 캉길렘은 저서《정상적인 것과 병리적인
것》에서 본래 인간의 정상과 비정상 사이에 객관적인 구분을 시도하는 것 자체가 불가능하다고 지적했다.

몸이 좋지 않네.

체온계
36.0

개인적으로 느끼는
주관이 선행한다.

객관적 수치인 체온이 낮아도
건강한지 아닌지 판단할 수 없다.

건강에 대한 판단은 과학이 아니라 주관적인 감각에 따른다

캉길렘은 개개인이 하루하루 지장 없이 생활하는 데 어려움을 느껴 병원에서
진찰을 받고 비로소 현재화한 상태가 비정상이라고 주장했다. 즉 객관적인 수
치가 아니라 환경에 따른 개인적인 위화감과 주관이 선행되는 것이다. 반대로
환경 속에서 신체를 움직이고 있을 때 주관적으로 무언가 의식하는 것 없이 생
활이 가능한 상태를 건강이라고 말한다.

몸이 좋지 않아 보이
는 친구에게

열이 높지 않아도 건강
은 객관적으로 판단할
수 있는 것이 아니니,
편히 쉬는 것이 좋겠다.

세계는 내가 꾸는 꿈이 아닐까?

나비

장자

나비가 장자의 꿈인가?
장자가 나비의 꿈인가?

중국 고전 《장자》의 〈제물론〉에는 "호접몽"이라는 유명한 이야기가 있습니다.

어느 봄날 선잠이 든 장자는 꿈속에서 나비가 되어 마음 가는 대로 들판을 날아다녔습니다. 기분이 좋은 나머지 자신이 인간이라는 사실을 완전히 잊어버렸습니다. 문득 눈을 떠 보니 자신은 분명 장자 자신이었습니다. 이에 장자는 자신이 꿈속에서 나비가 된 것인지, 아니면 지금 자신이 있는 현실이 나비가 꾸는 꿈인지 의문에 사로잡혔다는 이야기입니다.

"호접몽"의 마지막에 "꿈과 현실, 어느 쪽이 진실인지 결정하기 어렵다"고 쓰여 있다는 점에서 양쪽 모두 똑같이 긍정하는 입장이 드러나 있다고 볼 수 있습니다. 그렇다면 지금 이 책을 읽고 있는 세계는 자신이 꾸고 있는 꿈 또는 누군가가 꾸고 있는 꿈일까요?

우리는 일반적으로 꿈과 현실을 혼동하지 않습니다. 그러나 꿈과 현실의 경계는 얼마나 명확한 것일까요? 철학자 중에는 꿈과 현실은 나눌 수 없다고 결론지은 사람도 있습니다.

데카르트의 지각

내감은 불확실하며 신용할 수 없다

르네 데카르트(1596~1650)
프랑스 철학자. 35쪽 참고.

외감과 내감

우리는 가끔 착시나 환각 등 감각에 속는 경우가 있다. 앞서 데카르트는 불확실한 현상을 배제하고 확실한 것을 찾고자 방법적 회의를 채택했다는 사실을 서술했는데, 여기에는 그다음이 있다.

데카르트는 감각을 외감과 내감으로 구별했다. 전자가 일반적 의미에서의 오감에 의한 감각이라면, 후자는 통증이나 쾌감 등 신체의 내적 상태의 감각을 가리킨다. 외감은 때로 착오를 일으키지만, 자신의 내적 상태를 지각하는 데 착오는 있을 수 없다. 통증을 가려움으로 착각하는 사람은 없는 것처럼 말이다.

꿈속에서의 체험을 현실에서 일어난 것처럼 지각하고 반응한다.

내감과 꿈

하지만 여기에서 데카르트는 꿈에 주목했다. 무서운 꿈을 꾸고 눈을 떴을 때, 심장이 두근거리거나 식은땀을 흘리기도 한다. 꿈은 허구일 뿐이다. 그럼에도 불구하고 우리의 신체는 반응한다. 이에 데카르트는 무엇이 현실인지 판단하는 근거로서 의심할 수 없을 것 같은 내감도 불확실하고 신뢰할 수 없다고 결론지었다.

> **꿈을 자주 꾸는 동생에게**
>
> 내부 감각도 불확실하다. 무엇이 현실인지는 알 수 없다.

로크의 지각

제1성질과 제2성질을 결합하여 지각한다

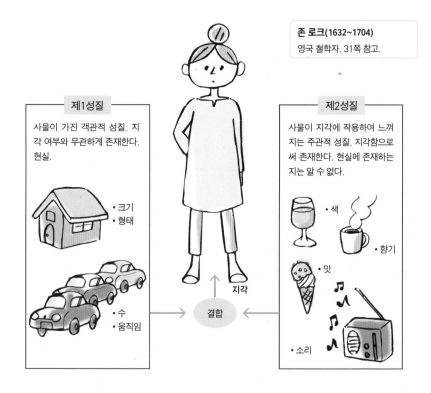

존 로크(1632~1704)
영국 철학자. 31쪽 참고.

제1성질
사물이 가진 객관적 성질. 지각 여부와 무관하게 존재한다. 현실.

· 크기
· 형태
· 수
· 움직임

제2성질
사물이 지각에 작용하여 느껴지는 주관적 성질. 지각함으로써 존재한다. 현실에 존재하는지는 알 수 없다.

· 색
· 향기
· 맛
· 소리

지각

결합

6
지각

제1성질과 제2성질

세계는 우리가 보고 있는 꿈일지도 모른다는 의문을 뒤집어 보면 지금 내가 보고 있는 현실은 진짜인가라는 의문이 된다. 이를 끝까지 파고들면 지각이란 어떤 행위인가라는 궁금증에 다다른다.

　로크는 이렇게 생각했다. 우리는 두 가지 방식으로 사물을 지각한다. 하나는 누구에게나 똑같이 지각되는 일정한 크기, 모양, 장소, 움직임 등을 수반하는 제1성질이며, 다른 하나는 우리의 주관적 감각(지각)에 좌우되는 색, 맛, 향기, 소리 등 제2성질이다.

　로크는 우리가 지각하는 것은 있는 그대로의 현실 자체가 아니라 제1성질로서의 사물에 각자가 느끼는 다양한 제2성질이 결합된 것으로 생각했다.

> **현실을 직시하라는 충고에**
>
> 객관적 현실뿐 아니라 주관적 감각도 포함한 것이 현실이다.

버클리의 지각

지각하는 것이 곧 세계다

관념

색   감각
모양   감정
기억

모든 것이 마음속에 관념으로서 떠오른다.

지각하기 때문에 존재한다.

조지 버클리(1685~1753)
아일랜드 성직자. 책상을 두드리며 딱딱하다고 생각해도 그것은 지각으로서 딱딱함을 인식했을 뿐이며, 책상 자체를 인식한 것은 아니다. 이처럼 물질을 부정하고 지각하는 정신과 신의 존재만을 실체로 인정했다. 주요 저서로《새로운 시각 이론에 관한 시론》,《인간 지식의 원리론》등이 있다.

지각되는 것은 관념이다

로크(31쪽)의 제2성질을 둘러싼 논의를 깊게 파고들면 우리가 알 수 있는 것은 관념으로서 마음속에 떠오르는 이미지일 뿐이라고 생각한 사람이 버클리다. 버클리가 말하는 관념이란 인간이 지각할 수 있는 색이나 모양, 마음속에 떠오르는 감정 등 기억과 연상력이 어우러져 재현되는 모든 것의 총칭이다. 버클리는 그것들을 지각하고, 그 지각을 대상의 관념으로서 구성하는 것이 마음의 작용이라고 주장했다.

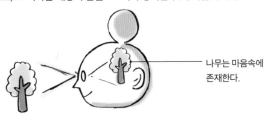

나무는 마음속에 존재한다.

존재한다는 것은 지각되어 있는 것

이에 버클리는 존재하는 것은 지각되어 있는 것이라는 결론을 도출했다. 버클리에 따르면 모양도 크기도 정해져 있지 않고 보는 방법에 따라 변화한다. 즉 로크의 제1성질도 마음속에서 형성된 관념이다. 버클리의 결론에 의하면, 세계가 내가 꾸고 있는 꿈이냐 아니냐가 아니라 내가 지각하는 것이야말로 세계 자체라는 것이 된다. 하지만 아무도 지각하지 않는 것은 존재하지 않는 것인가라는 의문이 발생한다. 이에 대해 버클리는 누구도 지각하지 않아도 신이 지각하고 있기 때문에 존재한다고 말했다.

현실 여부에 대한 판단에

내가 지각하고 있는 것이 세계다.

윤리와 도덕은 다른 것일까?

윤리와 비슷한 말로 도덕이라는 단어가 있습니다. 두 단어 의미에 큰 차이는 없습니다. 철학 전문 용어는 서양에서 들어와 중국어를 기초로 한 번역어가 대부분입니다. 윤리는 영어로 ethics이며, 도덕은 moral이라고 합니다.

먼저 윤리라는 단어에 대하여 알아봅시다. 그리스어 '에티케(Ηθική)'에서 유래한 이 단어는 '에토스에 대한 연구'라는 의미입니다. 유럽과 같은 대륙에서는 산을 하나 넘으면 다른 민족이 살고 있습니다. 언어나 습관, 문화가 다른 민족의 에토스를 이해하는 것은 공존해 가는 데 있어서 사활이 걸린 문제였습니다. 또한 다른 문화의 가치관을 이해하는 행위는 앞뒤로 거울을 비추는 것처럼 자신이 속한 집단의 감수성의 특수성을 알려 줍니다. 그것으로부터 더 좋은 감성, 더 바람직한 인간상은 무엇인가의 탐구로 이어지는 것입니다. 이렇게 윤리학은 성립했습니다.

많은 학문의 기원은 고대 그리스지만, 그 전통은 로마 제국으로 이어집니다. 그리스어 에티케는 라틴어로 '필로소피아 모랄리스(philosophia moralis)'라고 번역되었습니다. 필로소피아는 일반 학문을 의미하며, 모랄리스는 라틴어로 경향을 의미하는 '모스(mos)'에서 유래했습니다. 즉 그리스어에서 유래한 단어가 현재 영어로 ethics이며, 라틴어에서 유래한 단어가 moral이 되는 것입니다. 두 단어의 어원에 의미 차이는 없습니다. 그래서 철학자들은 지금까지 각각에 고유의 의미를 담아 두 단어를 자유로이 적절하게 구별해 사용하고 있습니다.

아닙니다! 윤리(Ethik)은 도덕(Moral)과 법(Recht)의 의미를 내포하고 있습니다.

도덕(Moral)이 더 큰 개념이지. 그 안에 법(Recht)과 윤리(Ethik)라는 뜻이 담겨 있어.

헤겔

칸트

위대한 철학자 사이에서도 의견이 나뉘는 것을 보면 어떻게 써도 무방할 것이다.

7장

신과 예술을 생각한다

신의 존재와 예술, 사고의 방법론 등
눈으로 보이지 않는 것이나
현상도 탐구하는 자세로 보면
철학이 폭넓은 학문임을 엿볼 수 있다.

신은 정말 존재할까?

신은 존재한다. 이렇게 강력하게 주장하는 증거는 있는 것일까.

신이란 무엇인가. 정의하기 어려운 문제지만, 여기에서는 신을 이 세계를 뛰어넘은 곳에 있는 보이지 않는 존재이자 우리 인간을 초월한 지고의 존재라고 대략 정의해 두겠습니다. 이와 같은 신의 존재를 무조건 신뢰하는 것이 종교입니다. 신의 존재를 믿을지, 믿지 않을지는 주관적인 문제이며 개인의 자유입니다. 그렇다면 보이지 않는 초월적인 존재인 신이 있다고 객관적으로 증명할 수 있을까요?

'없는 것의 증명'을 '악마의 증명'이라고 일컫듯 없는 것의 증명은 하나라도 사실이 확인되면 증명이 완료되는 '있는 것의 증명'에 비해 매우 까다롭습니다. 그러므로 많은 철학자는 신의 존재에 관하여 불가지론*의 태도를 취했습니다.

많은 신을 인정하는 다신교를 통해서도 신의 존재를 느끼고자 하는 인간의 간절한 마음을 엿볼 수 있습니다. 일신교 이외의 세계에서 신의 존재 증명은 처음부터 문제라고 생각하지 않을지도 모릅니다.

＊ 사물의 본질이나 궁극적 실재의 참모습은 사람의 경험으로는 결코 인식할 수 없다는 이론.-옮긴이

안셀무스의 신

신은 완전한 존재이므로 실재한다

신은 완전한 존재라는 개념이 있기에, 신은 실재한다고 생각한다. 하지만 이런 존재 증명은 신의 개념에 모순되지 않도록 만들어진 것에 불과하다.

머릿속에서뿐 아니라 실재하는 것이 위대하다. 그러므로 신은 존재한다!

신은 그보다 위대한 것을 생각할 수 없는 어떤 존재다.

안셀무스(1033~1109)
중세 잉글랜드 교회의 원장이자 캔터베리의 대주교. 신을 학술적으로 파악하려고 시도한 최초의 인물로, 신앙과 이성의 통일을 추구한 스콜라 철학의 창시자로 불린다.

신의 존재 증명에 필사적이었던 스콜라 철학

종교에서 신의 존재는 당연한 일이다. 그러나 중세가 되자 그리스도교에서는 이성적으로 신의 존재를 증명하려고 하는 스콜라 철학이 탄생했다. 그 시초에 있는 사람이 안셀무스다.

안셀무스는 신의 존재론적 증명(본체론적 증명)을 시도했는데, 파고들면 결국 '존재하지 않으면 곤란하기 때문에 존재한다'는 궤변이 된다는 비판도 있다.

존재론적 증명 (본체론적 증명)	신은 완전한 존재라고 정의되며, 실재하지 않으면 완전성이 무너지기 때문에 신은 존재한다.
목적론적 증명	세계가 규칙적인 이유는 신이 세계를 창조했기 때문이다.
우주론적 증명	만사에는 기원이 있고, 그 기원이 바로 신이다.
도덕론적 증명	도덕을 따르면 행복해진다는 말을 이해하기 위해 신의 존재가 필요하다.

칸트에 의한 신의 존재 증명

칸트의 분류에 따르면 신의 존재 증명에는 존재론적 증명 외에도 목적론적 증명, 우주론적 증명 등이 있으나 모두 증명이라고 할 수 없다. 칸트가 말한 도덕론적 증명 또한 엄밀히 말하면 그랬으면 좋겠다는 바람에 불과하다.

신의 존재에 대하여

신의 존재를 증명하기는 어렵다. 도덕적으로도 소망에 불과하기 때문이다.

포이어바흐의 신

인간이 신을 만들어 냈다

예수

투영

이성과 사랑, 의지 등 인간이
가진 본질(유적 본질).
신의 아들 예수도 인간의
이상형이라고 할 수 있다.

신이 인간을
만든 것이 아니라,
인간이 신을
만들었다.

루트비히 안드레아스 포이어바흐(1804~1872)
독일 철학자. 포이어바흐는 사람을 소외시키고 있다
며 스승 헤겔에 반발했으며, 신이 인간을 만든 것이
아니라 인간이 신을 만들었다고 주장했다. 마르크스
에게 영향을 주었다.

신이란 인간 자신?

"지금까지 신에 관해 다룬 모든 것은 인간이 알 수 있던 인간에 관한 것이 아닌가?"라는 질문을 던진 최
초의 철학자가 포이어바흐다. 다시 말해 신의 본질은 인간의 유적 본질*을 투영하여 만들어 낸 소산인
것이다. 현실적이고 신체를 가진 개개의 인간이라는 제한에서 벗어나 숭배의 대상으로서 구성된, 소위
이상적 인간상이 바로 신이다.

신

인간을 만든 것은 신이
아니라는 것 같아.

인간이 소망하는 모습이 곧 신

포이어바흐는, 인간은 이래야 한다 또는 이랬으면
좋겠다고 소망하는 모습을 실체화하여 그것을 신이
라고 불러 왔다고 생각했다. 그에 따르면, 신이 천지
를 창조하고 인류를 창조한 것이 아니라 인간이 신을
만들어 낸 것이다. 엄청난 역발상이었다.

신의 존재에 대하여

신을 통하여 인간의 본
질을 보는 것이다.

아담

이브

＊ 유적 본질은 인류 전체에 공통한 특징을 의미한다.

니체의 신

신은 죽었다

르상티망(원한)을 품은 고대 유대인이 구세주를 만들었으며, 약자일수록 구원받는다고 생각했다.

로마 군인

약자(자신)를 구원해 준다고 날조된 구세주

고대 유대인

약자가 자존심을 지키기 위하여 날조한 것이 신이다

신은 인간이 소망한 산물이라는 포이어바흐의 통찰을 더욱 철저하게 파고든 사람이 '신은 죽었다'는 선고로 유명한 니체다. 니체가 죽음을 선고한 것은 포이어바흐가 지적한 그리스도교의 신뿐만이 아니다. 현실의 배후에 존재한다는 초월적 세계로 현상을 이해하려는 모든 발상을 니체는 죽었다고 표현했다.

초월적 세계는 강자에게 르상티망(원한)을 품은 약자가 자존심을 지키기 위해 날조한 세계라고 생각했기 때문이다. 그리고 그 날조를 속이기 위하여 만들어진 존재가 신이며, 플라톤(27쪽)의 이데아라고 니체는 갈파했다. 실제로 고대 그리스도교는 노예 즉 약자를 위한 종교였다.

무엇을 믿으면 좋을까….

모든 가치는 근거가 없어….

신은 죽었다.

프리드리히 니체(1844~1900)
독일의 철학자. 60쪽 참고.

무의 사상인 니힐리즘

신은 죽었다는 표현으로 신에게 의존하여 통용되던 지금까지의 모든 가치는 무효해졌다. 니힐리즘은 모든 가치에 근거가 없다는 것을 설명한 사상이다. 니체는 자신들의 행동 규범이나 가치 판단의 근거로서 초월적인 무언가를 추구하려는 약한 자들에게 본디 그런 것은 존재하지 않았다고 단언하는 강인함이 필요하다고 말했다.

> 무언가에 의지하고
> 싶어진다면
> ┄┄┄┄┄┄┄┄┄┄
> 초월적인 존재는 없다.

예술이란 무엇일까?

예술이 되는 고도의
기술을 더하면….

있을 수 있는 모습   있는 그대로의 모습

사실을 뛰어넘는 것, 그것이 예술이다.

예술의 기원은 호모 사피엔스 탄생의 시대까지 거슬러 올라갑니다. 예를 들어
라스코라는 대표적인 동굴 벽화는 당시의 상황을 전해 주는 귀중한 자료입니
다. 또 고대 그리스 시대에 이르면 예술 창작의 의미를 자연의 모방(미메시스,
mimesis)에서 추구하는 발상이 등장합니다.

　이에 독자적인 의미를 담은 독창적인 예술론을 전개한 사람이 아리스토텔레
스(63쪽)입니다. 그리스어 미메시스는 일반적으로 모방이라고 번역하지만, 아
리스토텔레스는 《시학》이라는 저서에서 예술에서 미메시스는 단순히 있는 그
대로의 자연의 재현이 아니라 있을 수 있는 자연의 모습을 묘사하기 위한 고도
의 기교라고 주장했습니다.

　같은 관점에서 아리스토텔레스는 사건을 있는 그대로, 있었던 그대로 재현
하는 역사로서의 히스토리(history)보다는 있을 법한 이야기로서의 히스토리
(history)를 그려 내는 그리스 비극을 높게 평가했습니다. 아리스토텔레스가
《시학》에서 전개한 예술론에서 소재를 가져온 유명한 소설이 영화로도 만들어
진 움베르토 에코의 《장미의 이름》입니다.

칸트의 예술

예술에서 아름다움이란 조화다

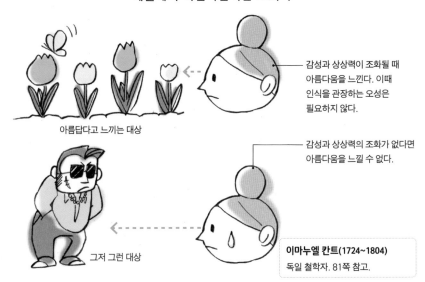

감성과 상상력이 조화될 때 아름다움을 느낀다. 이때 인식을 관장하는 오성은 필요하지 않다.

아름답다고 느끼는 대상

감성과 상상력의 조화가 없다면 아름다움을 느낄 수 없다.

그저 그런 대상

이마누엘 칸트(1724~1804)
독일 철학자. 81쪽 참고.

아름다움은 조화다

일반적으로 우리는 예술 작품을 보고 그 아름다움에 감동을 한다. 예술에서 아름다움의 의미를 추구한 이가 칸트인데, 예술에 대한 견해는 저서 《판단력 비판》에서 볼 수 있다.

칸트는 아름다움을 어떤 종류의 조화가 생겨나는 감정이라고 생각했다. 조화란 여러 대상 사이에 성립되는 관계다. 칸트는 인간의 마음의 작용인 감성과 상상력 사이에 조화가 생길 때, 그것을 아름답다고 느낄 수 있다고 보았다.

튤립에 관한 정보(오성이 작용하여 취득한 정보)

이 꽃은 아름답다.

감성과 상상력(주관적인 감각)

오성으로 얻을 수 있는 정보와 별개로 아름다움을 인식한다.

예술에 오성은 관계하지 않는다

칸트는 감성과 오성이 협동하여 외부 세계를 인식한다고 생각했으나(126쪽), 아름다움을 느낄 때 오성은 관여하지 않는다고 주장했다. 즉 아름다움은 대상이 무엇인지 알지 못해도 느낄 수 있다.

실제로 우리는 이름도 모르는 길가의 꽃을 보고 아름답다고 느끼는 경우가 있는데 그때 그 꽃이 어떤 종류인지, 이름은 무엇인지 등 지식이나 정보와 무관하게 아름다움을 느끼는 것이다.

예술에 대해 해설하고 싶어 하는 아저씨에게

예술을 아름답다고 생각하는 데 지식은 필요 없다.

쇼펜하우어의 예술

예술은 마음과 신체를 안정시켜 주는 것이다

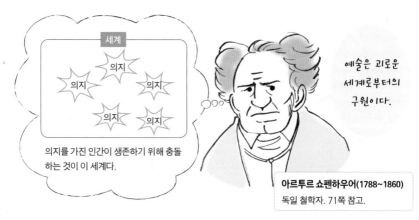

세계

의지

의지

의지

의지

의지

의지를 가진 인간이 생존하기 위해 충돌하는 것이 이 세계다.

예술은 괴로운 세계로부터의 구원이다.

아르투르 쇼펜하우어(1788~1860)
독일 철학자. 71쪽 참고.

7

예술

세계에는 무수히 많은 의지가 있다

쇼펜하우어는 의지의 근본이 비합리적이며 맹목적인 충동이라고 생각했다(71쪽). 그러한 충동을 담당하는 신체적 존재, 즉 인간이 무수히 많이 북적거리고 부딪히는 것이 세계의 실상이다.

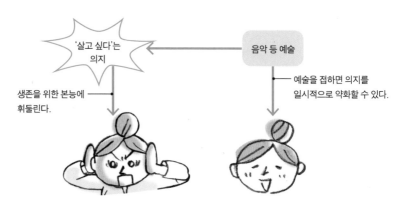

'살고 싶다'는 의지

음악 등 예술

생존을 위한 본능에 휘둘린다.

예술을 접하면 의지를 일시적으로 약화할 수 있다.

의지의 충동에서 구원하는 예술

의지의 충동에 휘둘리는 노예와 같은 상태에서 우리를 구원해 줄 하나의 가능성으로, 쇼펜하우어는 음악으로 대표되는 예술을 중시했다. 쇼펜하우어가 말하는 예술의 가장 큰 효용은 정신과 신체에 대한 진정 효과다. 여기에서 쇼펜하우어가 이해할 수 있던 예술은 20세기 이전의 고전적 형식을 갖춘 예술이라는 점을 고려해야 할 것이다. 그가 현대 음악을 듣는다면 과연 어떻게 평가할까.

예술의 효용에 관한 질문에

예술을 통해 몸도 마음도 편안히 하자.

디키의 예술

예술계에서 인정받은 인공물이다

이것도 예술.

예술은 특정한 예술계 속에서 통용되는 한정품이다.

조지 디키(1926~)
시카고 일리노이 대학교 명예교수. 역사적 제약을 받고 성립한 예술계를 바탕으로 예술의 정의를 제도로 간주하는 제도 이론을 통해 새로운 시선으로 작품을 바라보려고 시도했다.

새로운 예술 정의의 시도

지금까지 예술에 대한 정의는 다양한 분야에서 다양하게 시도되어 왔다. 자연의 모방과 재현, 인간 내면의 이데올로기 표출…. 그러나 대부분은 새로운 예술 형식이 등장할 때마다 묻혀 버렸다.

20세기 이후 예술 작품에서 특정한 사상과 정의를 추구하는 시도는 단념되고, 예술 작품 창작을 둘러싼 환경으로 시선을 돌리게 되었다.

예술계와 제도 이론

예술의 환경에 주목한 시도 중 한 가지가 디키가 제창한 제도 이론이다. 이 이론은 미국 미술 평론가 아서 단토(1924~2013)가 제창한 예술계의 존재를 전제로 한다. 디키는 현대에는 예술계가 사회 제도로서 기능하고 있다고 말했다.

현대 예술 작품의 두 가지 조건은 첫째 인공물이어야 하며, 둘째 예술계의 인정을 받은 것이어야 한다는 점이다. 예술은 특권적으로 권위를 획득할 수 없으며, 다시 말해 현실에서는 다양한 종류의 예술이 제각각 존재하며, 제각각 제도화되고 인지되는 것에 불과하다.

○○를 주제로 그렸습니다.

배색은 ××를 의식했습니까?

예술을 둘러싼 사람들에 의해 형성되는 문화 집단을 예술계라고 한다.

예술의 정의에 대해 질문을 받는다면
예술은 인공물이며 예술계의 인정을 받은 것이다.

생각을 하려면 어떻게 해야 할까?

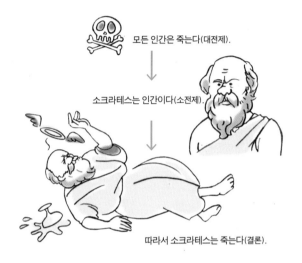

모든 인간은 죽는다(대전제).

소크라테스는 인간이다(소전제).

따라서 소크라테스는 죽는다(결론).

보편적 법칙과 개별 사실로부터 결론을 도출한다.

7

사고

생각한다는 행위는 '무엇을 생각하는가'와 '어떻게 생각하는가', 두 측면으로 구별할 수 있습니다. 무엇을 생각하는가는 개인의 문제이기에 자유라고 말할 수 있습니다. 반면 어떻게 생각할 것인가는 사고방식을 다루는 방법론의 문제라고 할 수 있습니다.

논리학의 기초를 다진 아리스토텔레스는 《오르가논》에서 합리적 추론 방법의 한 가지로 '삼단 논법(연역법)'을 제창했습니다. 이는 대전제(보편적 법칙) A와 소전제(개별적 사실) B로부터 결론 C를 이끌어 내는 방법입니다.

'A는 B다. → B는 C다. → 따라서 A는 C다'와 같은 흐름입니다.

이 사고방식을 이용하면 A, C와 관련 있는 B를 매개로 하여 직접 관계하지 않는 A, C를 논리적으로 연결할 수 있습니다. 오늘날은 이런 고전 논리학의 결점을 보완하는 새로운 논리학인 기호논리학(9쪽)이 활용되고 있습니다.

베이컨의 사고

우상을 제거하고 귀납법으로 논리를 구축한다

착각

권위 있는 학설

감각
여건

편견

나쁜 소문

인간이 사고할 때 재료가 되는
감각 여건은 편견 등의 우상의
해를 입는다.

인간은 항상
믿음이 따르는 법.
연역법에 의한
사고는 거짓이
도출된다.

프랜시스 베이컨(1561~1626)
영국 철학자.《신기관》에서 인간의 편견, 선입관
등의 오류를 우상으로 지적하고 현실의 관찰과
실험을 중요하게 생각한 귀납법을 주장했다.

소재와 우상

무언가를 생각하는 데에도 소재가 필요하며, 소재는 감각을 통해 외부로부터 주어진다(감각 여건).

그러나 편견 등 잘못된 선입관이 있으면 소재를 제대로 받아들이지 못하고 올바른 사고가 불가능해진다. 베이컨은 이러한 잘못된 믿음과 편견을 '우상(이돌라)'이라고 부르고 네 가지로 구분했다. 첫째, 인간이나 원숭이라는 유(類) 또는 종(種)에게 고유한 종족의 우상. 둘째, 자라 온 환경이나 교육 등에 의해 생겨나는 동굴의 우상. 셋째, 언어의 잘못된 사용으로 발생하는 시장의 우상과 마지막으로 넷째, 권위와 전통을 비판 없이 받아들여 만들어지는 극장의 우상이다.

관찰과 실험에는 이돌라가 따른다.
자기 음미를 소홀히 해서는 안 된다.

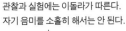

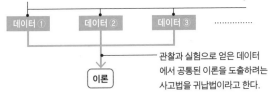

데이터 ①   데이터 ②   데이터 ③   ．．．．．．．．．．．．．

이론

관찰과 실험으로 얻은 데이터
에서 공통된 이론을 도출하려는
사고법을 귀납법이라고 한다.

우상에 치우치지 않도록 자기 음미를 할 것

그렇다고 모든 우상을 제거하는 것은 불가능하다. 무엇을 생각할 때든 사고가 우상의 해를 입지는 않았는지 자기 음미를 소홀히 하지 않는 것이다.

인간은 우상을 피하기 어렵다. 그렇기 때문에 베이컨은 관찰이나 실험으로부터 얻을 수 있는 데이터를 바탕으로 이론을 구축하는 귀납법을 과학에서 이론을 구성하는 요소로 추천했다.

편견을 가지고 대상을
바라보는 딸에게

우상을 제거하고 관찰
과 실험으로부터 지식
을 얻자.

퍼스의 사고

가설추론법 혹은 귀추법으로 발상의 전환과 비약을 가능하게 한다

추론법	방법	특징
연역법 아리스토텔레스	가정 A = B와 규칙 B = C에서 결론 A = C를 도출한다. 가정이 진실이면 결론도 진실이다.	일반적인 원리로부터 결론을 도출하는 단계적이고 분석적인 성격을 가진 추론법이다.
귀납법 베이컨	가정 A = B와 결론 A = C의 몇 가지 사례를 관찰한 결과로서 규칙 B = C를 추론한다. 규칙 B = C가 진실이라는 사실은 보증되지 않는다.	관찰과 실험에서 얻어진 다양한 추론적 사실로부터 공통점(원리)을 발견하는 확장적 경향이 있다. 다만 데이터를 얼마나 모아야 원리를 확정할 수 있는지 판단하기가 어렵다.
귀추법 퍼스	결론 A = C에 규칙 B = C를 적용하여 가정 A = B를 추론한다. 가정 A = B가 진실이라는 사실은 보증되지 않는다.	결론을 가정하고 가설을 추론한다. 어떤 가설을 세울 것인지 생각해 내는 능력이 필요하다.

제3의 추론 방식의 등장

19세기를 대표하는 논리학자 퍼스는 기존의 연역법과 귀납법으로 분류되는 추론 방식에 '귀추법'이라는 새로운 방법을 도입했다.

귀추법은 먼저 가설을 세워 결론을 상정한다. 그다음 다시 귀납의 과정을 재검토함으로써 단순한 귀납법에서는 나오기 어려운 발상의 전환과 비약을 가능하게 하려는 방법이다. 퍼스의 표현을 빌리면, 기존의 두 추론법이 논증의 논리학이라면, 귀추법은 탐구의 논리학으로 특징지을 수 있을 것이다.

> **찰스 샌더스 퍼스(1839~1914)**
> 미국의 철학자이자 논리학자이며 실용주의의 창시자이다. 소쉬르와 함께 기호학의 선구자로 알려졌고 사후에 높은 평가를 받았다. 저서로는 《논리학 연구》, 《기호학》 등이 있다.

귀추법은 발생해 내는 능력이 중요하다.

획기적인 상품을 개발하려는 후배에게

귀추법으로 발상의 전환을 해 보자.

헤겔의 사고

변증법으로 더 나은 인식을 끌어낸다

변증법이 발전적 인식을 가능하게 한다.

게오르크 빌헬름 프리드리히 헤겔(1770~1831)
독일 철학자. 115쪽 참고.

모순을 변증법적으로 해소한다

헤겔은 '동일성과 비동일성의 동일성'이라는 모순처럼 들리는 주장을 했다.

비동일성이 비동일성인 이유는 당연히 동일성이 아니기 때문이다. 이 경우 비동일적인 대상은 타자와 같은 것을 절대 갖지 않는다. 그 결과 대상의 주변에는 자신만 존재하므로 자기 동일적인 것이 된다. 이는 모순이다.

반면 동일성은 동일성이기 때문에 비동일성은 '아니다'라는 부정을 포함하게 된다.

헤겔은 이처럼 모든 존재가 각각 자신의 반대로 변하게 되는 성질이 있다고 말했다. 모든 것은 자신의 내면에 모순을 지니고 있으며, 그에 의해 필연적으로 자신과 대립하는 상황을 만들어 내는 것이다.

상반되는 두 가지 인식을 보존한 채 발전시킨다.

하얀 가루 = 설탕

하얀 가루 = 설탕이나 소금, 그 외의 여러 가지

하얀 가루 = 소금

대립에 의해 연결된다.

모순을 내포한 채 발전시키는 변증법

헤겔은 이러한 구조를 변증법으로 정식화했다. 예를 들어 아이가 음료에 설탕을 넣어 마신다. 즉 아이에게 하얀 가루는 설탕이다. 그러나 어느 날 마침 손에 잡힌 하얀 가루를 넣었더니 음료는 단맛이 아닌 짠맛이 났다. 하얀 가루가 소금이라는, 지금까지의 이해를 부정하는 상황과 마주한 것이다. 그 결과 아이는 하얀 가루가 한 가지만 있는 것이 아니라 설탕과 소금, 그 외에도 여러 가지가 있을 수 있다는 범주화를 배워 나간다.

이 과정에서 최초의 인식은 일단 부정되지만, 최종적으로는 도중의 두 가지 인식 모두 지금까지와는 다른 관점으로 타당성을 보증받게 된다. 이러한 이른바 나선형 인식 과정이 변증법이다.

> **의견이 충돌한다면**
> 상반되는 의견을 적극적으로 수용하여 더 좋은 결론을 찾아내자.

157

신과 예술에 대하여 **철학은 무엇일까?**

무서워! 천둥은 도대체 뭐야?

자연 현상을 탐구하는 자세는 학문 전반의 연구 방식의 기원이 되었다.

7

철학

오늘날 철학은 독립된 학문으로서 전 세계에서 공부하고 연구하고 있지만, 본디 더 넓은 일반적인 학문을 가리키는 용어로 사용되었습니다(144쪽). 과거에는 문학, 법학, 정치학 등 인문 과학과 사회 과학은 물론 자연 과학까지 포함한 모든 탐구가 '철학'이었습니다.

예나 지금이나 자연의 위력은 두려워할 만한 위협입니다. 이에 고대에는 다양한 문명권에서 자연의 힘의 배후에 신이 있다는 '신화'적 사고가 탄생했습니다.

하지만 자연 현상 자체는 눈으로 확인할 수 있는 현상입니다. 그렇기 때문에 눈에 보이는 힘의 원인을 눈에 보이지 않는 신에게서 찾아야 할 이유가 없었습니다. 이에 자연의 힘의 원천을 눈에 보이는 자연의 차원에서 탐구하고자 하는 철학이 기원전 6세기경 그리스에서 탄생했습니다.

그리스 철학에서 볼 수 있는 자연 관찰의 자세는 현재의 눈으로 보면 꽤 소박하지만, 오늘날 학문 전반의 연구 방법의 기원이 된 것입니다.

158

소크라테스의 철학

지혜를 사랑하는 것이다

지혜를 사랑하고
추구하는 것이
철학이다.

소크라테스(기원전 470~기원전 399)
고대 그리스 철학자. 41쪽 참고.

철학자 = 지혜를 사랑하는 자

소크라테스는 당시 변론가로 유명했던 소피스트들과 종종 문답을 주고받았다. 그때 소크라테스는 자신을 철학자(필로소퍼)라고 소개했다. 어원으로 보면 철학(필로소피아)은 '지혜(소피아)를 사랑하다(필로스)'라는 의미다. 따라서 필로소퍼라는 단어는 '지혜를 사랑하는 자'를 뜻한다.

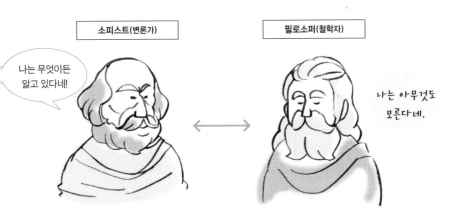

소피스트(변론가)

나는 무엇이든 알고 있다네!

필로소퍼(철학자)

나는 아무것도 모른다네.

알지 못한다는 사실을 알고 있다

소크라테스는 소피스트들에게 기묘한 질문을 했다. 사람이 무언가를 사랑할 때, 그는 아직 자신이 원하는 대상을 얻지 못했다. 그렇기 때문에 몹시 원하는 것이다.

위와 같이 생각하면 지혜를 사랑하는 자신도 아직 원하는 대상인 지혜를 얻지 못한 셈이 된다. 따라서 지혜를 사랑하는 자신, 즉 철학자는 무지한 자라고 할 수 있다(무지의 지). 이는 문답에서 불패의 위치를 확보하기 위한 책략으로서의 아이러니(반어)라는 해석도 있다.

무적이 되고 싶어 하는 친구에게

무지의 지의 위치를 차지하라.

베이컨의 철학

생활 개선에 실효성을 가진 학문이어야 한다

A가 B고, B가 C이기 때문에 A도 C다.

고대 그리스 시대 아리스토텔레스는 합리적인 추론법으로 삼단 논법을 제창했다.

아리스토텔레스

A도 B도 C도 모두 실험이나 관찰을 하지 않았잖아!

베이컨은 실험과 관찰을 통한 결과에서 원리를 도출하는 귀납법을 추천했다.

프랜시스 베이컨(1561~1626)
영국 철학자. 155쪽 참고.

삼단 논법은 탁상공론

르네상스 시기에 활약한 베이컨의 저서 중 《신기관》이라는 작품이 있다. 이 책의 원제인 '노붐 오르가눔 (Novum Organum)'을 직역하면 '신기관'이라는 의미이다.

중세 이후에는 아리스토텔레스(63쪽)철학이 학문 연구의 도구(오르가눔)로서 매우 중시되었다. 하지만 베이컨은 아리스토텔레스의 삼단 논법(연역법, 154쪽)은 실험과 관찰이 수반되지 않은 전제를 토대로 만들어진 탁상공론, 궤변에 불과하다고 말했다.

중요한 것은 현실이며, 사실이다!

아는 것이 힘이다

베이컨은 발명과 발견이 계속되는 르네상스 시기에 가장 필요한 신기관은 우리의 생활을 개선할 수 있는 실효성을 가진 학문이라고 생각했다. 그렇기에 베이컨은 실험과 관찰을 바탕으로 한 자연에 대한 연구와 해명이야말로 가장 우선되어야 하는 주제라고 생각했다. 이를 표명한 '아는 것이 힘이다'라는 유명한 슬로건은 오늘날에도 회자되고 있다.

> **탁상공론을 외치는 동료에게**
>
> 아는 것이 힘이다. 사실에 대한 검증 없이 어떤 지식도 얻을 수 없다.

메를로퐁티의 철학

초월적 존재를 제외하고 다시 생각해야 한다

신은 약자의 소망이자
거짓말투성이다!

신은 죽었다!
철학도 죽었다!

모리스 메를로퐁티(1908~1961)
프랑스 철학자. 36쪽 참고.

철학은 죽었다

메를로퐁티는 노년에 '반철학(안티필로소피)'을 제창했다.

이미 19세기 후반 니체는 고대 그리스의 플라톤까지 거슬러 올라가 현실 세계의 배후에 초월적 존재인 신과 이데아를 상정하는 형이상학은 약자가 만들어 낸 허구이며, 모두 가치 없는 니힐리즘의 산물이라고 비판했다. 이에 따르면 신은 죽었다고 외친 니체의 진단은 형이상학으로서의 철학에 대한 사망 선고가 된 셈이다.

반철학

신은 죽었다는
니체의 말에서 발생한 사상

구조주의

사회의 시스템으로
인간을 이해하다.

포스트구조주의

인간 중심의 철학인
인식론을 뛰어넘는다.

반철학으로서의 현대 사상

메를로퐁티는 철학은 끝났다고 말한 니체의 선고를 정면에서 받아들이기 위하여 반철학을 기획했다. 그러나 유감스럽게도 이 시도는 메를로퐁티의 갑작스러운 죽음으로 미완성으로 끝났다.

다만 그의 죽음 전후에 프랑스에서 발흥한 구조주의와 포스트구조주의라는 현대 사상의 흐름은 넓은 의미에서 반철학의 다양한 실천이라고 볼 수 있다.

현대 사상이란 무엇인
가라는 질문에

신은 죽었다는 니체의
말에서 시작된 반철학
의 흐름이다.

이번 책은 정말 순조롭지 않았습니다. 사정을 구구히 열거할 수는 없지만, 계획이 여러 번 변경되어 집필부터 편집까지 체제가 무너져서 한때는 출간 자체가 위태롭다고 느낄 정도였습니다.

철학으로 이야기를 돌리면, 21세기가 되어 철학의 형태가 급격하게 변화하는 것처럼 느껴집니다. 포스트구조주의 이후 세계적 영향력을 지닌 학파나 스승으로 불릴 만한 존재를 찾아볼 수 없습니다(그런 의미에서 포스트구조주의라는 명칭 자체가 선두였다고 볼 수 있겠죠). 발생하고 있는 시급한 문제마다 국소적인 사상이 단발적으로 등장했다가 사라지는 것처럼 보이는 요즘입니다. 바로 이점이 〈시작하며〉에서 밝힌 연대기 형식을 채택하지 않은 이유 중 하나입니다.

이것이 시대의 흐름이라면 어쩔 수 없지만, 그렇기 때문에 오히려 철학은 오래되었으면서도 새로운 학문으로서 유행이나 쇠퇴와 무관하게 존재할 것입니다(라고 썼지만 그러길 바란다는 것이 맞겠습니다).

마지막으로 출판을 위해 애써 준 담당 편집자와 일러스트레이터에게 진심으로 감사를 전합니다.

고스다 겐

세상이 빨리 변한다고 합니다. 시간과 두뇌를 포함한 신체의 능력은 한정되어 있는데 알아야 할 것, 배워야 할 일들은 늘 내 속도보다 빠르게 도착해 있습니다. 게다가 그 목록은 늘 새롭게 바뀌고 있지요. 예를 들어 요사이 '코딩'은 누구나 갖추어야 할 중요한 능력 중 하나가 되었는데, 글쎄요. 10년 뒤에는 무엇이 그 자리에 올지 쉽게 단정하기는 어려울 것 같군요.

이렇게 세상의 속도와 무게에 나를 맞출 수 없을 때, 누군가는 최신 기술 서적 대신 철학책을 찾을지 모릅니다. 세상의 속도와 무게를 뚫을 변신의 기술을 알려주는 것은 아니지만 철학이 그 속도와 무게의 본질을 바라보는 각도와 우리가 부딪친 문제에 대면하는 태도를 일러주기 때문이겠지요. 그 각도와 태도로 인해 우리는 인공지능이 예술을 창작하고 자율 주행 기능이 인간의 운전 능력을 대체하는 시대에도 여전히 철학을 공부하는지도 모릅니다.

지난 수천 년간 철학자들은 우주, 자연, 윤리, 언어, 논리 등 인간이 경험하는 모든 문제와 대면해 왔습니다. 그 누적된 역사와 사유의 힘이 우리에게 통찰을 제공한다는 것을 우리는 잘 알고 있습니다. 그런데 바로 그 점 때문에 선뜻 철학에 다가서기 어렵습니다. 한눈에 들어오지 않는 긴 역사도 버겁지만 수많은 철학자가 제안하는 독특한 개념과 이론 들을 이해하기도 쉽지 않지요. 사실 철학은 '개념'으로 쌓아 올린 사유의 집과 같습니다. 그래서 철학의 토대를 이루는 핵심 개념들에 익숙하지 않다면 어떤 철학책이든 지루한 전화번호부와 다르지 않습니다. 이럴 때 낯설고 복잡한 개념들을 쉽게 풀어 친절히 안내해 주는 책이 있다면 철학에 좀 더 가까워질 수 있지 않을까요. 아마도 지금 여러분이 집어 든 이 책이 그런 역할을 해 줄 것 같습니다.

이 책은 지식을 잘 분류하고 도해하는 일본 교양서 특유의 장점이 잘 드러난 책입니다. 길고 복잡한 철학의 역사를 비교적 단순하고 명쾌하게 풀어놓았기 때문에 전문적인 철학사의 어려운 문장, 낯선 개념들에 거부감이 드는 분들에게는 좋은 입문서 역할을 할 수 있을 듯합니다. 다만 쉽게 전달하는 과정에서 내용을 축약하고 단순화했기 때문에 당연히 여러 공백이 보입니다. 그렇지만 이 공백들은 이 책의 단점이 아니라 다음 단계의 철학책을 선택하게 만드는 숨은 기능일 수도 있습니다. 시작에서 멈추지 않고 다음 철학책을 펼쳐 들 이유와 용기를 주는 역할 말입니다.

자신의 능력과 기술이 세상의 속도와 방향을 결정한다고 자신하는 이들도 있겠지만 누군가는 그 속도와 방향을 검토하면서 온전하고 가치 있는 방향을 고민하는 사람도 있어야겠지요. 본래 철학자는 그런 사람들이고 어떤 이유로든 철학을 공부하려는 이들 역시 비슷한 가치를 믿는 사람이 아닐까요. 새로 펼쳐 든 이 책이 여러분의 생각에 길을 터주고 가치 있는 방향을 일러줄 수 있다면 이 책을 여러분에게 전달하려고 노력한 출판사 관계자 분들 그리고 여전히 철학의 힘을 믿으며 철학책을 써 온 저 같은 감수자에게도 보람이 될 듯합니다.

김선희(이화여자대학교 철학과 교수)

게오르그 짐멜(2013), 《돈의 철학(*Philosophie des Geldes*)》, 김덕영 옮김, 길.

노우드 러셀 핸슨(2007), 《과학적 발견의 패턴(*Patterns of Discovery : an Inquiry into the Conceptual Foundations of Science*)》, 송진웅·조숙경 옮김, 사이언스북스.

다나카 마사토(2016), 《한눈에 보고 단숨에 읽는 일러스트 철학사전(*哲学用語図鑑*)》, 이소담 옮김, 21세기북스.

_____ (2019), 《그림과 함께 이해하는 철학 용어 도감 : 중국·일본·영미 분석철학 편(*続·哲学用語図鑑 : 中国·日本·英米分析哲学編*)》, 김선숙 옮김, 성안당.

라르스 스벤젠(2013), 《노동이란 무엇인가(*Work*)》, 안기순 옮김, 우듬지.

루트비히 비트겐슈타인(2020), 《논리-철학 논고(*Logisch-Philosophische Abhandlung*)》, 이영철 옮김, 책세상.

_____ (2019), 《철학적 탐구(*Philosophische Untersuchungen*)》, 이영철 옮김, 책세상.

_____ (2020), 《확실성에 관하여(*Über Gewißheit*)》, 이영철 옮김, 책세상.

루트비히 포이어바흐(2008), 《기독교의 본질(*Wesen des Christentums*)》, 강대석 옮김, 한길사.

르네 데카르트(2022), 《방법서설(*Discours de la méthode*)》, 이현복 옮김, 문예출판사.

마르틴 하이데거(2015), 《존재와 시간(*Sein und Zeit*)》, 전양범 옮김, 동서문화사.

마이클 샌델(2014), 《정의란 무엇인가(*Justice*)》, 김명철 옮김·김선욱 감수, 와이즈베리.

모리스 메를로-퐁티(2002), 《지각의 현상학(*Phénoménologie de la perception*)》, 류의근 옮김, 문학과지성사.

미셸 몽테뉴(2019), 《몽테뉴의 수상록(*Essais*)》, 정영훈 편, 안해린 옮김, 메이트북스.

미셸 푸코(2020), 《감시와 처벌 : 감옥의 탄생(*Surveiller et punir : Naissance de la prison*)》, 오생근 옮김, 나남.

_____ (2020), 《광기의 역사(*Histoire de la folie à l'âge classique*)》, 이규현 옮김, 나남.

미하이 칙센트미하이(2004), 《몰입(*Flow: The Psychology of Optimal Experience*)》, 최인수 옮김, 한울림.

발터 벤야민(2007~2015), 《발터 벤야민 선집 1~14》, 김영옥·윤미애·황현산 외 옮김, 길.

버트런드 러셀(2005), 《행복의 정복(*Conquest of Happiness*)》, 이순희 옮김, 사회평론.

빌헬름 라이프니츠(2019), 《모나드론 외(*Principes de la nature et de la grâce fondés en raison*)》, 배선복 옮김, 책세상.

쇠얀 키르케고르(2020), 《죽음에 이르는 병(*Sygdommen til døden*)》, 이명곤, 옮김, 세창출판사(세창미디어).

시몬 드 보부아르(2021), 《제2의 성(*Le Deuxième Sexe*)》, 이정순 옮김, 을유문화사.

애덤 스미스(2022), 《한 권으로 읽는 국부론(*Wealth of Nations*)》, 안재욱 옮김, 박영사.

아르투어 쇼펜하우어(2019), 《의지와 표상으로서의 세계(*Welt als Wille und Vorstellung*)》, 홍성광 옮김, 을유문 화사.

아리스토텔레스(2022), 《니코마코스 윤리학》, 박문재 옮김, 현대지성.

────── (2021), 《아리스토텔레스 시학(*Peri Poietikes*)》, 박문재 옮김, 현대지성.

아우구스티누스(2016), 《고백록(*Confessiones*)》, 박문재 옮김, CH북스(크리스천다이제스트).

알랭(2018), 《알랭 행복론(*Propos sur le bonheur*)》, 박별 옮김, 뜻있는사람들.

앙리 베르크손(2001), 《의식에 직접 주어진 것들에 관한 시론(*Essai sur les données immédiates de la conscience*)》, 최화 옮김, 아카넷.

에드문트 후설(2020), 《에그문트 후설의 내적 시간의식의 현상학 : 장소의 발견(*Vorlesungen zur Phanome-nologie des inneren Zeitbewußtseins*)》, 이남인 · 김태희 옮김, 서광사.

에드워드 사이드(2005), 《오리엔탈리즘(*Orientalism*)》, 박홍규 옮김, 교보문고.

에른스트 카시러(2011~2019), 《상징형식의 철학 1~3(*Philosophie der symbolischen Formen*)》, 박찬국 옮김, 아카넷.

에리히 프롬(2020), 《자유로부터의 도피(*Escape from Freedom*)》, 김석희 옮김, 휴머니스트.

오가와 히토시(2015), 《곁에 두고 읽는 서양철학사(使える哲學)》, 황소연 옮김, 김인곤 감수,, 다산초당.

요한 볼프강 폰 괴테(2003), 《색채론 : 자연과학론(*Zur Farbenlehre*)》, 장희창 옮김, 민음사.

이마누엘 칸트(2019), 《실천이성비판(*Kritik der praktischen Vernunft*)》, 백종현 옮김, 아카넷.

────── (2011), 《영원한 평화를 위하여(*Zum ewigen frieden : Ein philosophischer entwurf*)》, 오진석 옮김, 도서출판b.

────── (2019), 판단력 비판(Kritik der Urteilskraft), 김상현 옮김, 책세상.

자크 데리다(1997), 《다른 곳(*L'autre cap*)》, 김다은·이혜지 옮김, 동문선.

장 자크 루소(2021), 《에밀(*Émile ou de l'éducation*)》, 황성원·고봉만 옮김, 책세상.

장 폴 사르트르(2013), 《실존주의는 휴머니즘이다(*Existentialisme est un humanisme*)》, 방곤 옮김, 문예출판사.

조르주 캉길렘(2018), 《정상적인 것과 병리적인 것(*Le normal et le pathologique*)》, 여인석 옮김, 그린비.

조지 버클리(2009), 《새로운 시각 이론에 관한 시론(*An Essay towards a New Theory of Vision*)》, 이재영 옮김, 아카넷.

존 듀이(2022), 《학교와 사회(*School and Society*)》, 송도선 옮김, 교육과학사.

존 로크(2022), 《통치론(*Second Treatise of Government*)》, 강정인·문지영 옮김, 까치글방.

존 롤스(2003), 《정의론(*A Theory of Justice*)》, 황경식 옮김, 이학사.

주디스 버틀러(2008), 《젠더 트러블 : 페미니즘과 정체성의 전복(*Gender Trouble : Feminism and the Subversion of Identity*)》, 조현준 옮김, 문학동네.

지그문트 프로이트(2022), 《정신분석 입문(*Vorlesungen zur Einführung in die Psychoanalyse*)》, 우리글발
　　전소 옮김, 오늘의책.

카를 슈미트(2012), 《정치적인 것의 개념(*Begriff des Politischen*)》, 김효전·정태호 옮김, 살림출판사.

카를 힐티(2017), 《행복론(*Glück*)》, 곽복록 옮김, 동서문화사.

카알 폰 클라우제비츠(2016), 《전쟁론(*Vom Kriege*)》, 김만수 옮김, 갈무리.

칼 라이문트 포퍼(2001), 《추측과 논박 : 과학적 지식의 성장 1·2(*Conjectures and Refutations*)》, 이한구
　　옮김, 민음사.

칼 맑스(2018), 《자본론 : 경제학 비판 1·2(*Das Kapital : Kritik der politischen Ökonomie*)》, 채만수 옮김,
　　노동사회과학연구소.

클로드 레비스트로스(1996), 《야생의 사고(*La Pensée Sauvage*)》, 안정남 옮김, 한길사.

테오도르 W. 아도르노·막스 호르크하이머(2001), 《계몽의 변증법(*Dialektik der Aufklaerung*)》, 김유동
　　옮김, 문학과지성사.

프랜시스 베이컨(2020), 《신기관(*Novum Organum : Aphorisms on the Interpretation of Nature and the
　　Empire of Man*)》, 김홍표 옮김, 을재.

프리드리히 니체(2018), 《권력의지(*Der Wille zur Macht*)》, 김세영·정명진 옮김, 부글북스.

플라톤(2018), 《플라톤의 법률 1·2(*Nomoi*)》, 김남두·김인곤 외 옮김, 나남.

―――――(2020), 《향연(*Symposion*)》, 강철웅 옮김, 아카넷.

한나 아렌트(2019), 《인간의 조건(*Human Condition*)》, 이진우 옮김, 한길사.

G.W.F. 헤겔(2016), 《역사철학강의(*Vorlesungen uber die Philosophie der Geschichte*)》, 권기철 옮김, 동서
　　문화사.

―――――(2016), 《정신현상학 1·2(*Phänomenologie des Geistes*)》, 김양순 옮김, 동서문화사.

앙드레 콩트스퐁빌, 《필사적인 행복》(André Comte-Sponville(1999), *Le Bonheur, désespérément*,
　　Nantes : Pleins feux).

야콥 폰 윅스퀼, 《동물과 인간 환경에 의한 진출》)(Jakob Johann Baron von Uexküll(1934), *Streifzüge
　　durch die Umwelten von Tieren und Menschen*, Frankfurt am Main : S. Fischer).

토머스 네이글, 〈박쥐가 된다는 것은 어떤 것인가?〉(Thomas Nagel(1974), "What Is It Like to Be a
　　Bat?," *The Philosophical Review* Vol. 83, No. 4, pp. 435~50).

세상에서 가장 쓸모 있는
철학 강의

1판 1쇄 발행 | 2023년 2월 7일
1판 3쇄 발행 | 2024년 5월 24일

지은이 | 고스다 겐
옮긴이 | 오정화
감수자 | 김선희

발행인 | 김기중
주간 | 신선영
편집 | 백수연, 민성원, 김우영
마케팅 | 김신정, 김보미
경영지원 | 홍운선
펴낸곳 | 도서출판 더숲
주소 | 서울시 마포구 동교로 43-1 (04018)
전화 | 02-3141-8301
팩스 | 02-3141-8303
이메일 | info@theforestbook.co.kr
페이스북 | @forestbookwithu
인스타그램 | @theforest_book
출판신고 | 2009년 3월 30일 제 2009-000062호

ISBN 979-11-92444-41-3 (03100))